BUZZ

© 2019 Buzz Editora

Publisher ANDERSON CAVALCANTE
Editora SIMONE PAULINO
Editora assistente LUISA TIEPPO
Projeto gráfico ESTÚDIO GRIFO
Assistentes de design LAIS IKOMA, NATHALIA NAVARRO
Ilustrações THALITA DOL
Revisão JORGE RIBEIRO

Dados Internacionais de Catalogação na Publicação (CIP) de acordo com ISBD

Vilarinho, Thaís
Mãe recém-nascida / Thaís Vilarinho
São Paulo: Buzz Editora, 2019.
240 pp.

ISBN 978-85-93156-97-7

1. Autoajuda 2. Maternidade I. Título.

CDD-158.1 / CDU-159.947

Elaborado por Vagner Rodolfo da Silva – CRB-8/9410

Índices para catálogo sistemático:
1. Autoajuda 158.1
2. Autoajuda 159.947

Todos os direitos reservados à:
Buzz Editora Ltda.
Av. Paulista, 726 – mezanino
CEP: 01310-10 São Paulo, SP

[55 11] 4171 2317
[55 11] 4171 2318
contato@buzzeditora.com.br
www.buzzeditora.com.br

Este livro pertence a

_____

*Com amor,
para minhas leitoras,
que, juntas,
formam uma constelação
inteirinha que ilumina
a minha caminhada.*

mãe recém-nascida

THAÍS VILARINHO

Apresentação

Uma mulher "recém-nascida" em mãe está passando por uma transformação brutal. Em alguns momentos não reconhecerá a si própria. Escrever vai permitir que ela conheça essa nova mulher e fazer com que "elas" (a nova e a antiga) tornem-se íntimas. A Thaís conhece profundamente o poder transformador da escrita e traz neste livro a proposta brilhante de fazer você conhecer também.

DANIEL BECKER
Pediatra e palestrante

E quando a prática não combina com a teoria de como é ser mãe? O que fazer? Como fazer? Que este novo livro venha acalentar ainda mais os corações de todas as mães, que enfrentam essa montanha-russa de emoções e sentimentos a todo momento. Que seja, assim como a própria Thaís relata, um abraço bem apertado.

RODRIGO DA ROSA FILHO
Obstetra, especialista em reprodução humana

Oi, mãe recém-nascida,

Eu já estive exatamente aí, no seu lugar.
Já estive de frente com tudo o que está diante dos seus olhos. Já fiquei cara a cara com todas as emoções que a gravidez faz uma mulher sentir, à medida em que a barriga cresce. Já tive choros compulsivos de alegria por sentir o bebê mexer e também de desespero por querer o meu corpo de volta.
Já estive em paz com o universo como uma grávida budista meditando no alto de uma montanha no Tibete e já estive em guerra com todo mundo, com os nervos à flor da pele, histérica.
São os hormônios, minha amiga, os malditos – ou benditos – hormônios. Depende do dia.
Já me questionei sobre parto e amamentação. Já me perguntei se era mesmo a hora certa de ser mãe e já senti culpa por ter me feito essa pergunta.
Tive dor no ciático, retenção de líquido, mas gostava de ver a barriga crescer.
Sonhei noites e noites com o dia de conhecer o rostinho dos meus filhos, e vivi o dia mais emocionante da minha vida quando a minha boa hora enfim chegou.
Tive *baby blues*, medo, insegurança e saudade da minha vida sem filhos.
Foram tantos os questionamentos! Por isso, se eu pudesse voltar no tempo e estar aí, no seu lugar, sabe o que eu sussurraria no meu ouvido?
Cada palavra deste livro.

Ninguém

Ninguém está pronta para a experiência. Pode acreditar.

Mas e se for pediatra? Não está.

E se for psicóloga? Também não.

E se for professora? Não também.

E quem escreve toda a semana sobre o assunto? Por experiência própria te garanto que nem de longe.

Você pode ler todos os livros que existem a respeito, conhecer todos os sites sobre o assunto e mesmo assim você não estará preparada para ser mãe.

Você pode passar anos a fio vivendo a maternidade com a maior intensidade que existe e mesmo assim, muitas vezes, sentirá que não está pronta.

A vivência ajuda? Sim, muito. Dá segurança. Porém os desafios não acabam, não têm fim. Eles se renovam a cada fase, se transformam. São mutantes.

E é isso que faz a maternidade ser algo tão extraordinariamente grandioso. É isso que intriga, que emociona, que dá inquietude.

Não conseguimos dominá-la, nunca conseguiremos.

A maternidade é um planeta inteirinho, com toda a sua complexidade.

Por isso, relaxe, não se afobe. Não queira abraçar o mundo.

Você está germinando.

Aceite

Aceite. Simplesmente aceite a sua fragilidade, trabalhe os seus medos e inseguranças. Não esconda nada de si nem de ninguém. Deixe tudo pulsar naturalmente. Abra a porta da frente para o seus sentimentos. Ofereça café quentinho e bata um papo com cada um deles. Cada um deles tem razão de ser. Elabore, não se cobre e viva um dia de cada vez.

Como mãe, você acabou de nascer.

Mas este livro não é um manual?

Deixe-me contar pra você, maternidade nunca teve e nunca terá manual.

Não existe fórmula mágica, muito menos um passo a passo desses que a gente vê nos vídeos do YouTube ou lê nos folhetos para montar o carrinho do bebê.

Sabe por quê?

Cada mãe é única, assim como cada bebê. E a união de cada mãe com o seu bebê tem uma mistura singular que forma uma espécie de identidade. Por isso, o que funciona para você provavelmente não irá funcionar para a sua amiga, vizinha, irmã e vice-versa. E acredite, está tudo bem.

O seu jeito não está certo e o delas errado. Nem o contrário.

A liberdade de escolher os próprios caminhos é muito importante. Se libertar de regras e padrões é essencial para que a gente se conecte com a nossa essência, com o nosso instinto. Nos faz fortes para sabermos conduzir os desafios sem precisar recorrer a livro ou pessoa alguma.

Por isso, fuja de tudo o que parecer um manual. Pode ser um livro ou uma pessoa, parece um manual? Fuja!

Mas então não é para ler ou ouvir sobre o assunto? Claro que sim. Informação é fundamental. Norte. Base. Mas se na verdade são regras disfarçadas de informação, com cheirinho de verdade absoluta, sem flexibilidade alguma, ouça o meu conselho: fuja.

E se você está aí, com a vida de pernas para o ar, cheia de dúvidas, e mesmo assim segue confiando em seu instinto, acredite: esse é o melhor caminho. Informação enriquece, manual engessa e flexibilidade, ah, flexibilidade é amor.
Você vai florescer.

Então este livro é o quê?

É sempre sobre o bebê. Livros e mais livros sobre o bebê. Tem também diários e mais diários. Do bebê.

Mas e a mãe que acabou de nascer?

Aqui está. Algo para você.

Algo que é meio livro, meio diário, meio conversa entre amigas. É meio conforto, meio direção para você se conectar com seu instinto e se reconectar com sua identidade. É meio choque de realidade, meio cafuné. É meio incentivo, meio desabafo.

Um chacoalhão, um abraço apertado.

Sinceridade, norte. Amor.

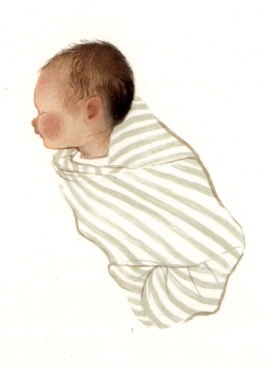

1

Semente

Positivo
AMANDA SILVANO

De repente, positivo.
De repente, o desespero, o medo.
De repente, a mudança de planos.
De repente, a tristeza, a felicidade, a tristeza, a felicidade, numa montanha russa interminável.
De repente, mais um coração.
De repente, os hormônios e com eles o riso, o choro, o riso, o choro e uma nova montanha russa.
De repente, mal-estar, enjoo, cansaço e dor.
De repente, cambalhotas e pulinhos.
De repente, a curiosidade e as pesquisas.
De repente, avós, bisavós e tios.
De repente, a barriga e a insegurança, as semanas e a ansiedade.
De repente, os chutes.
De repente, o amor.
De repente, mãe.

Vai ser mãe?

Então prepare para se conhecer de verdade.

"Eu já me conheço, faço terapia há anos." Garanto: você vai se assustar com a aula de autoconhecimento que a maternidade proporciona.

Vai se chocar com a quantidade de tombos e tropeços que você vai tomar, mesmo que tenha lido tudo sobre o assunto, feito psicanálise, curso de mindfulness e meditação transcendental. Vai se assustar com a sua força e fragilidade se unindo e se misturando a ponto de você não saber mais o que é uma e o que é a outra.

A maternidade escancara cada detalhe escondido da nossa personalidade, da nossa história, da nossa identidade.

Abre portas, janelas, gavetas e até baús trancados a sete chaves. Ela tira a gente da caixa. Muda tudo de perspectiva. Nos coloca de frente com quem realmente somos e nem sabíamos.

Difícil explicar como um ser que pesa pouco mais ou pouco menos do que quatro sacos de açúcar pode ser tão poderoso.

Difícil explicar a preciosidade.

O tamanho do mergulho.

Damos de cara com a bebê que fomos, com a menina que éramos, com a adolescente que deixamos para trás. Damos de cara com a mulher que está ali, refletida no espelho, diante dos nossos olhos.

Batemos de frente com a filha que fomos e com a mãe que tivemos. Chega a hora de separar o que queremos carregar das nossas mães e o que não queremos nem pensar. Esse movimento é diário, insistente. Arrisco dizer que é eterno.

A maternidade mexe com questões familiares. Mexe na nossa relação com pessoas queridas. Faz a gente querer resolver, abraçar, perdoar e deixar pra lá.

Coisas que eram importantes se tornam bobas, coisas a que nem dávamos importância viram água no meio do deserto.

Tudo fica à flor da pele. Pulsando. Ao mesmo tempo, a maternidade traz uma paz profunda, até então desconhecida.

Eu nunca entendia quando minha mãe falava que eu não precisava agradecer o que ela fazia por mim. Hoje eu entendo. Fui eu que proporcionei a ela essa experiência singular que revela, que toca lá no fundo. Que traz à tona a mais genuína das verdades. Que deixa nossa vida maluca, sim. Mas faz tudo encontrar o seu lugar.

Tudo vai mudar. Isso é a vida. Aproveite, agora, que você está diante desta página, e faça um retrato de quem você é agora. Escreva seus sonhos e seus medos.

Mãe, palavra infinita

Por mais que a gente tente definir essa palavra, sempre faltará alguma coisa. Talvez por ser a única palavra, no mundo, que tem significado infinito.

Mãe é substantivo, adjetivo, verbo e, principalmente, superlativo.

Mãe é lar, é comida quentinha. É leoa feroz quando precisa proteger a cria.

Mãe é chão, é anjo da guarda, é o melhor GPS para acharmos as coisas que perdemos pela casa.

Mãe é choro compulsivo na apresentação da escola, é saudade que esmaga o coração quando vê fotos dos filhos pequenos.

Mãe é divã de terapia. É mão sempre estendida e é abraço de urso.

Mãe é cachecol quando esquecemos de levar a blusa. Mãe é o melhor cheiro do mundo.

Não faça a besteira de tentar entendê-la, sabe por quê? Mãe é bicho esquisito. É drama, comédia, suspense e tragédia, tudo junto e misturado.

Mãe é banho morno que baixa a febre, é analgésico potente, é dose cavalar de antibiótico.

Mãe é meio bruxa. Enxerga até quando está de costas. Tem poder de ler pensamentos e de adivinhar o que vai acontecer.

Mãe é carga extra de energia, é a verdade que ninguém tem coragem de nos dizer.

Mãe é a mão que segura a gente quando o carro breca repentinamente. É a cama e o travesseiro perfeitos para chorarmos qualquer tipo de mágoa.

Mãe é porto.

Um porto que por mais que queira que o barquinho fique por ali, debaixo dos seus olhos, quando sente que é hora de ele partir, aceita, solta a cordinha e o entrega ao mar. E entrega, mesmo sabendo dos perigos que ele irá enfrentar. Mas antes de ele partir sussurra em seu ouvido: porto, ah... porto nunca sai do lugar.

É a sua vez de escrever!
Mãe é...

De dentro para fora, de fora para dentro

Gostaria de dizer que ter filho é fácil. Que é sempre leve e tranquilo.

Gostaria de dizer que não dá medo nem vontade de sumir de vez em quando.

Gostaria de dizer que você nunca ficará sem saber o caminho que deve seguir e que a vida será, todos os dias, alegria e purpurina.

Gostaria, ah, como eu gostaria, de dizer que as madrugadas não são solitárias e que o seu sono não vai mudar em nada. Que não tem exaustão e nem choro no chuveiro.

Juro, com todo o meu coração, que é isso o que eu gostaria de dizer.

Não, não, espera. Talvez não.

Não. Definitivamente não é nada disso que eu gostaria de dizer.

Pensando bem, a transformação que acontece através da experiência que você está prestes a estrear junto com o seu bebê só existe graças a todos os sentimentos envolvidos. Todos eles. E cada um.

A maternidade coloca a gente frente a frente com as nossas fortalezas e fraquezas, e isso é assustadoramente poderoso. A transformação, o encontro com a nossa essência dói, sim, dói muito. Mas é lindo. É poderoso.

Amadurece, dá força! Faz de nós mulheres melhores.

Por isso, pensando bem, eu gostaria mesmo era de dizer que não é nada fácil e nem o tempo todo colorido como contam por aí, mas vale muito a pena, ah, como vale!

Menina, se entrega e entenda: você é humana, imperfeita – e incrível exatamente por isso. A maior experiência da sua vida está prestes a acontecer, aceite por inteiro. Viva. Com tudo o que tem direito.

A maternidade não é maravilhosa porque é tudo perfeito. Nem porque quando o filho nasce, como em um passe de mágica, tudo faz sentido. Isso não existe. A maternidade é incrível pelo exato oposto disso. O fascínio vem da gente se conhecer a fundo. A mágica, às vezes dolorosa, vem do encontro avassalador com a nossa luz – e também com a nossa escuridão. O encanto vem da gente se perder e se achar, um pouquinho mais a cada dia. O extraordinário vem da transformação. Da doação. De cada. Pedacinho. Do nosso. Coração. A natureza, sim, é perfeita. E ela te dá um presente: o instinto.

Ele é o único caminho entre o seu coração e o do seu bebê.

Não há nada mais perfeito do que o seu instinto, você está em conexão com o seu? Lembra da última vez que ele apareceu?

Agora escreva como você vai fazer para se lembrar dele quando estiver mergulhada no caos. É preciso encontrar um atalho.

Ei, grávida, o que você sente?

Algumas não se sentem bem com o corpo, outras amam o corpo na gravidez.

Algumas relatam falta de desejo sexual, outras dizem que transam feito doidas.

Algumas se sentem angustiadas, outras se sentem em paz.

Algumas têm muito medo do novo e desconhecido que está por vir, outras dizem que não veem a hora de o bebê nascer.

Algumas relatam tristeza e dizem estar deprimidas. Outras se sentem muito felizes. Tem até algumas que sentem um misto disso tudo.

Para o mundo, a gravidez é vista como um momento pleno, mas nem sempre as mulheres se sentem assim. E se você é uma delas, não se culpe. Procure entender o que acontece com você. Não tenha medo de falar o que se passa aí dentro. Procure apoio, diálogo e troca.

Aceite as suas sensações. Elas são parte de você.

Ei, grávida, te desafio a escrever sobre os seus sentimentos e suas sensações. Tenho certeza de que vai te ajudar a organizar as ideias e fará você se sentir bem.

PALAVRAS PESADAS DEMAIS PARA O AMOR

Palavras ferem, sim. Por isso precisamos dar o devido peso a elas. Arrancar da carne, fechar a ferida. Crie para isso um pequeno ritual. Toda vez que te machucarem com as palavras, guarde cada uma delas em um papel. Tire de você.

Comece com o papel ao lado, mas se comprometa a fazer isso sempre. Deposite tudo o que já te falaram e que te machucou, te incomodou, fez seu coração parar e não de um jeito bom.

Tire de você, coloque no papel. Depois rasgue.
Nenhuma dessas palavras é sua. Aproveite estas linhas para escrever elogios que você escutou e para se elogiar.

_____
_____
_____
_____
_____
_____
_____
_____
_____
_____
_____
_____
_____
_____
_____
_____
_____

O que realmente importa?

Não é o enxoval, nem a decoração do quartinho. Não é o carrinho de última geração, nem o hospital *high-tech*. Não é a marca da fralda nem a do sling. Não é nada disso.

O que realmente importa é você. Seus sentimentos. Seus anseios. Suas dúvidas. Suas escolhas. Sua verdade.

O que importa é ler, se informar. Voltar para dentro. O que importa é ter apoio, conversa, ombro amigo.

O que importa é a conexão que você vai estabelecer com o seu bebê. É o olhar, o toque, o seu instinto.

Importa mesmo é deixar o amor crescer, aos poucos, no seu tempo, ou deixar chegar chegando como uma paixão arrebatadora. O que importa é você aceitar sentir o que o seu coração te sinaliza, sem se comparar com mãe alguma.

O que importa é você se deixar chover se precisar, mas saber também ter sorriso luz e leve sem aquela busca insana pela perfeição.

O que importa é você viver o cansaço e as alegrias do dia a dia e das madrugadas. O que importa é soltar, descontrair, rir de si mesma e se aceitar humana.

Importa mesmo é entregar a alma, os braços, a mente, o coração e tudo mais para essa experiência. Todo o resto, absolutamente todo o resto é superficial, segundo plano. Seu bebê viverá muito bem sem a fralda x, o carrinho y ou o hospital z, mas ele será completamente dependente de você.

Foque no que realmente importa.

E para você, o que realmente importa?

VOCÊ

Cole aqui uma foto sua grávida:

Se olhe. Mas se olhe com cuidado.
Com amor. Com admiração.

Olhe quem você se tornou. Olhe quem você pode se tornar. Olhe seu corpo.

Ele está trabalhando lindamente e te proporcionando uma experiência única, não é incrível?

Peraí, antes precisamos falar sobre o parto

Parto tem que ser humano

Você sabe o que é um parto humanizado?

Tanto faz se é parto normal ou cesárea, a humanização está ligada ao conjunto de práticas e procedimentos que buscam readequar o processo de parto, seja ele qual for, deixando-o menos medicalizado e frio.

Como? Contando com profissionais que se importem com as suas escolhas. Que respeitem esse momento tão único que é a chegada de um ser no mundo.

Seu parto pode acontecer em casa ou no hospital. Na cama ou na água. Não importa. O que importa é o olhar diferenciado na assistência. É o cuidado e o respeito com os protagonistas dessa linda história. Você. E seu bebê.

Importante

Leia e se informe sobre os tipos de parto. Escolha um médico com cujas ideias e conversa você se identifique. Se achar que precisa mudar de médico no meio do caminho, mude. Se empodere. Vá conhecer os possíveis hospitais. Procure saber como funcionam as coisas por lá. Se puder, procure uma doula*. Leia mais um pouco. Coloque tudo na balança.

Seja dona da escolha de como o seu filho virá ao mundo. Se fortifique com pessoas que vão aumentar as chances de que sua escolha vire realidade.

E se na hora as coisas mudarem de direção, pelo menos você fez a sua parte.

---

* Doula é uma assistente de parto, sem necessariamente formação médica, que acompanha a gestante durante o período da gestação até os primeiros meses após o parto, com foco no bem-estar da mulher.

Mãos ao alto

Ei, você, quer ter parto normal? Se não, não tem problema.

Eu queria muito, mas 11 e 8 anos atrás não tive. Falta de informação? Sim. Falta de empoderamento? Pode ser.

Não é remoer o que já passou, veja bem. Sou de andar para a frente, mas algumas vezes acredito que o movimento inverso ajuda a transformar nossas experiências ruins em experiências boas para outras pessoas.

Pode ser que tenham me roubado uma história que eu tinha o direto de ter vivido. Sentido na pele. No coração. E guardado para sempre na memória.

Penso nas grávidas e nas histórias que posso incentivar com essa história.

Veja bem, não culpo o meu médico, mas sim o sistema cesarista e a falta de humanidade de algumas maternidades. Fiz uma cesárea sem ao menos induzirem o meu parto! Bebê com batimentos normais. O médico me disse que ele poderia estar sofrendo. Contrações de 5 em 5 minutos, sem dilatação. Eu fiz o quê? Autorizei a cesárea.

Hoje, faria diferente. Estudaria, teria uma doula, tentaria o parto normal.

Estude. Procure. Vá atrás.

Não deixe a falta de conhecimento tomar as decisões.

Uma triste realidade que pode ser mudada

TALITA RAMOS

Sou uma mãe como você. Erro e contorno tentando ouvir o que o meu coração pulsa dizendo ser o melhor caminho. Sempre foi assim, não poderia ser diferente com a experiência dos meus partos.

Fiz uma cesárea agendada no meu primeiro filho. O médico falou que o bebê era grande, que minha bacia era pequena, e que seria necessária uma cesárea. Me frustrei, mas confiei no médico e fui. Meu filho nasceu bem, deu tudo certo. Lembro-me de que cheguei até a pensar que o médico nos salvou.

Mas hoje, com o coração apertado eu penso: por que uma cesárea?

Pouco tempo depois engravidei novamente. Logo na primeira consulta ele me disse que não teria como eu ter parto normal após ter feito uma cesárea recentemente. Disse que a chance de ruptura uterina era grande. Passei quase a gestação toda achando que faria uma cesárea novamente.

Até que uma noite qualquer passei mal e fui para o pronto socorro. Coisas de Deus. Lá os médicos me examinaram e disseram que não tinha necessidade nenhuma de outra cesárea. Que o risco de ruptura era mínimo.

Então algo acendeu dentro de mim. Algo guardado e encoberto pelo discurso do meu médico.

Posso ter um parto normal!

Meu coração começou a bater rápido, forte e cheio de esperança.

Iria ganhar meu bebê pelo SUS, mas consegui uma doula e um médico.

Meu segundo filho nasceu lindo e saudável através de um parto normal pra lá de emocionante.

Foi uma das maiores e melhores experiências da minha vida. Meu pós-parto está sendo bem mais tranquilo e eu me sinto respeitada. Dona de mim.

Penso quantas e quantas mulheres assim como eu, perderam essa experiência, esse direito e são violentadas e enganadas sem nem se darem conta.

Veja bem, eu sei que a cesárea pode salvar vidas. Mas é para ser usada quando necessário, ou se a mãe, depois de todas as informações, escolher esse caminho. Não é para ser usada da forma que foi comigo.

E você, está na dúvida? Procure informação.

Por que insistimos em não confiar na natureza se ela vem de Deus?

Não deixe que nada faça você perder a conexão com o seu instinto. Não existe nada mais poderoso do que isso.

Acredite no seu corpo, acredite em você!

Como a luz do Sol

"Não existe nada a perder, e muito a ganhar, ao deixarmos a mãe e sua criança se descobrirem à sua vontade"
MICHEL ODENT, 2002

A descoberta científica mais importante da segunda parte do século XX, feita na década de 70, foi a de que o bebê necessita de sua mãe ao nascer. Quem disse isso foi Michel Odent, um dos obstetras mais respeitados do mundo.

A primeira hora de vida do bebê junto à sua mãe tem até um nome: *golden hour* ("hora dourada").

Muita gente não sabe, mas ela é fundamental para a construção do ser humano que acabou de nascer, assim como para a relação mãe/bebê. Dá até para dizer que os primeiros 60 minutos são uma espécie de alicerce para toda a vida que virá a seguir!

E não, não importa se o seu parto vai ser normal ou cesárea. A *golden hour* é um direito de toda mãe e de todo o bebê.

Mas não é sempre assim que acontece.

Logo depois da minha cesárea, levaram o meu bebê. Senti raiva. Lembro-me da sensação. Lembro-me do buraco. Da solidão. A sala de parto parecia imensa e vazia. Não é possível ter que ser assim, eu pensava.

Só muito depois fui ler sobre a *golden hour*. Anos depois. Naquela hora, depois da cesárea, meu instinto estava certo.

Gritava. Era óbvio que eu deveria estar grudada nele após o parto!

Nos roubaram esses primeiros momentos. E eles não voltam mais.

Nos roubaram a espera necessária para o clampeamento do cordão umbilical – ele só pode ser cortado quando a circulação cessa, e não imediatamente após o nascimento. Nos roubaram a mamada imediatamente após o nascimento – e são tantos os seus benefícios! Centenas! Nos roubaram o olho no olho daquela primeira hora de vida. O bebê já consegue, sim, enxergar o rosto da mãe. E é quando acontece o *imprinting* – a primeira imagem registrada na vida de um ser.

A transferência da vida aquática uterina para a vida terrestre aérea é um processo que leva algum tempo. Deve ser respeitado! Além disso, é de fundamental importância que o sangue que circula na placenta seja transferido para o bebê (transfusão placentária).

Nos roubaram o contato pele a pele. Aquele que faz o calor da mãe regular a temperatura do bebê, já que assim que nasce ele não tem – e nem precisa ter, pois a mãe tem feito isso por ele – essa capacidade.

Nos roubaram o reconhecimento, o vínculo. Nos roubaram nossa base.

Eu fui receber meu bebê horas depois. Estranhei. Claro, eles desincham e mudam rapidamente. Mas a sensação foi péssima.

E meu instinto tinha avisado. Era para termos ficado juntos.

Por tudo isso eu te peço: não deixe que te roubem a primeira hora de vida do seu filho. Ela é de vocês. Ela é ouro.

Ela é o Sol que ilumina o início dessa jornada com sua luz dourada.

Meu parto anormal

RAQUEL TERRA

"Vai se acostumando, porque ser mãe é padecer no paraíso", foi o comentário irônico que recebi da enfermeira na sala de parto, no exato instante em que eu sentia uma contração daquelas punk. Apenas um recorte de uma série de violências, físicas e psicológicas, que sofri antes, durante e após o parto da minha filha.

 É difícil reviver tudo que passei naquela manhã de domingo. Começando pela impaciência e grosseria do meu obstetra por estar perdendo seu campeonato de tênis no clube, passando pela insensibilidade da enfermeira, até o erro do anestesista, que ainda me culpou por eu ter me mexido na hora da agulhada, o que me causou uma cefaleia pós-raqui que durou uma semana. Isso porque não falei da episiotomia sem meu consentimento e da manobra de Kristeller inesperada que doeu até a minha alma.

 Eu queria ter uma foto maravilhosa do meu parto para exibir no Instagram. Eu gostaria de ter saído da maternidade plena igual à duquesa de Cambridge. Mas me roubaram o direito. E roubam diariamente de outras milhares de mulheres pelos consultórios e hospitais do país afora em nome da ganância. São ladrões de sonhos.

 Chocante não é presenciar Kate Middleton saindo da maternidade horas após o parto, mas constatar a realidade triste que vivemos aqui. Não sabemos nada sobre nascimento.

 No Brasil, parir naturalmente e de forma humanizada é uma luta contra o sistema e contra o senso comum. Precisamos repensar nossos valores sobre o nascer, pesquisar, estudar, entender do que o nosso corpo é capaz. Não temer a dor, porque parir nunca será indolor, de uma forma ou de outra. O que vai contra a natureza é ser desrespeitada, coagida, aterrorizada, ludibriada, desumanizada.

Enquanto gastamos energia duelando sobre qual parto é melhor, o meu, o seu ou o da fulana, há uma máfia poderosa por trás faturando em cima do nosso medo e da nossa ignorância.

A única arma de resistência contra a indústria do nascimento é a informação de qualidade. Somente munidas dela teremos o poder real de escolher com consciência o melhor caminho para colocarmos nossos filhos no mundo com dignidade.

Plano infalível

Faça um plano de parto.
Plano de parto, como assim?
Não é nada complicado. Prometo.
Basta escrever exatamente como você deseja que o seu parto aconteça. Colocar no papel o seu parto ideal.
Mas por que fazer um plano de parto?
Porque quando chegar a hora, você provavelmente estará emocionada com o momento e poderá esquecer de dizer algumas coisas que farão diferença nesse dia tão especial.
Mas o que é tão importante que eu preciso anotar para não esquecer?
Você e o seu bebê são os protagonistas desse momento. Relatando a via de parto que você quer, os procedimentos que deseja e os que você não deseja, você garante que sua vontade seja conhecida – e ouvida. Se você quer parto normal, é importante também pensar e escrever um plano B, para o caso de a cesárea ser necessária.
É importante que os profissionais sejam atenciosos e humanos e que te informem tudo o que está acontecendo. Que, por favor, não fiquem conversando sobre o próximo feriado ou o último capítulo da novela enquanto você dá à luz. Que tenha silêncio se você quiser e música se assim você desejar.
Escreva se você deseja ou não a presença do seu parceiro ou de quem quer que seja.

E se o seu bebê nascer a termo, é muito importante relatar que você não quer que cortem o cordão até ele parar de pulsar, e que exige ficar com ele na primeira hora de vida para poder amamentá-lo e curtir o momento. Escreva que não autoriza qualquer tipo de procedimento de rotina no bebê antes desses 60 minutos.

Estude. Escreva. Estude mais um pouco. Empodere-se de um dos momentos mais importantes da sua vida.

MEU PLANO DE PARTO

O que não pode ter no seu parto? E o que não pode faltar?

Agora, leia em voz alta tudo o que você escreveu. Se aproprie de tudo o que está escrito. Torne conhecido. Mostre para o seu médico. Entregue na mão do responsável pelo seu parto.

Como deve ser

Muitas vezes não importa o quanto você deseja ter um parto normal, por alguma razão a cesárea tem que acontecer.

Algumas vezes não importa a sua enorme vontade, pois amamentar pode não ser uma opção.

Muitas vezes não importa o quanto você acha certo o seu bebê dormir no berço. E se ele só se acalma dormindo pertinho de você?

Algumas vezes não importa a sua vontade de usar sling – seu bebê pode não se adaptar.

Muitas vezes não importa você estar de coração tranquilo com a decisão de trabalhar fora ou de ficar em casa. Sempre vai ter alguém para te julgar.

Algumas vezes não importa se você dá o seu máximo para ter uma relação bacana com a sogra. Pode não funcionar como você deseja.

E não importa o quanto você quer a sua mãe grudada em você no pós-parto. Pode não rolar.

Algumas vezes não importa o quanto você batalha para o seu parceiro ser um pai superenvolvido. Se ele não quiser, de verdade, não vai acontecer.

Muitas vezes não importa o quanto você quer alguém por perto. Se esse alguém não quiser a sua amizade, não fizer questão da sua companhia, não vai adiantar.

Muitas vezes, não importa a nossa intenção, o nosso esforço, a nossa vontade. Nós não temos controle.

Toda relação tem dois lados.

Aceite isso. Acredite, alivia. Dá paz.

Eu sei que às vezes frustra, machuca, faz um buraco.

Mas pense bem, o que pode valer mais do que ter a consciência tranquila?

Por isso, se solte, menina, se liberte das expectativas. Aceite. Aceite. Aceite. Confie! O que Deus te entrega não pode ser nada menos do que maravilhoso.

Aceite. Deixe o seu coração leve.

Afinal, é nele que você vai guardar o que importa de verdade.

Carregando...

Desde que descobrimos que vamos ser mães, carregamos algo.

Carregamos o feto que vai se transformando dentro da gente. Carregamos o sonho de como vai ser o primeiro encontro com nosso filho. Os medos e as incertezas. Vida e emoção. Peso, dores, inchaço e o corpo completamente transformado.

Quando seu bebê nascer, você será reabastecida por mais um carregamento. Um tanto de coisas novas para lidar.

Então você vai carregar o bebê nos braços, a dor nos seios, a insegurança e o medo. Vai carregar um bocado de felicidade e outro de culpa. Vai carregar o carrinho, a bolsa cheia de tranqueiras para o passeio e inúmeros pacotes de fraldas. Os legumes para a sopa e as frutas para a sobremesa. Também vai carregar a dorzinha no coração na hora da vacina. E o medo. E se não for uma boa mãe?

Eu carreguei tudo isso. Junto com as lágrimas de cansaço e de gratidão.

O tempo vai passando e o carregamento modifica em partes, mas veja bem, não diminui.

A gente vive carregando, amontoando coisas, equilibrando sentimentos, empilhando responsabilidades.

Mas o mais precioso que carregamos esse tempo todo, o que está lá em cima da pilha desde o positivo da farmácia, é o desejo de fazer sempre o melhor para criar um ser humano feliz e do bem.

Pelo seu filho, você carrega o mundo, se for preciso. Eu sei.

3

O grande segredo

Bem-vinda

Tome seu tempo. Respire e inspire devagar e profundamente. Desconecte-se da rapidez e das cobranças desse mundo insano. Olhe para dentro. Pegue o fôlego necessário. Saia do raso. Não se preocupe. Você saberá nadar.

Mergulhe o quanto quiser e pelo tempo que achar necessário. Observe o silêncio, escute seus pensamentos. Perceba quão extraordinário é se permitir estar imersa nessa nova realidade.

Tem poesia na boquinha banguela e no barulho do seu recém-nascido deglutindo o leite. Tem poesia na necessidade dele pelo seu colo e na sua entrega. Tem beleza na sua fragilidade e na do seu bebê juntas e misturadas. Tem mágica na força que vem do seu coração e no melhor cheiro do mundo, o daquele minicangote.

Vá para a frente do espelho. Olhe bem no fundo dos seus olhos. Observe com atenção. Veja quanta beleza existe em você. Agradeça o seu corpo pelo milagre que agora você pode carregar nos braços.

Não tenha vergonha dos seus sentimentos, querida. Não se sinta mal por nenhum deles. Nenhum, ouviu? Fale a respeito. Não deixe que eles te afoguem. Chore e sorria quando tiver vontade. Abrace a sua humanidade.

Receba visitas, mas só se tiver vontade. Aceite ajuda. Alivie a sua carga sem peso na consciência.

Solta. Continue a mergulhar.

Estar submersa, ao contrário do que pode parecer, é leve e maravilhoso. Especialmente se você não se cobrar, se aceitar o seu tempo, se viver a verdade desse momento.

Então, quando chegar a hora (você vai saber!), volte para a superfície. Posso te garantir que, por lá, nada terá mudado. Agora você, ah, você estará linda, forte.

Ressignificada por completo.

Olá, baby blues

Preciso te contar um segredo.

Não devia, mas infelizmente ainda é, sim, segredo para muitas.

Pronta? Pois bem.

Pode ser que você chova. Uma chuva que cai sem parar. Gotas robustas e fortes.

Eu sei, você estará com a maior riqueza do mundo nos seus braços, quem espera que o céu escureça nessas horas?

Mas é assim, inesperado como os temporais nos fins das tardes de verão. Daqueles que encharcam cada pedacinho da alma. Que fazem brotar até a semente mais fraquinha.

Se existe conselho?

Se entregue. Se deixe chover. Não tente controlar. Não queira. Deixe a insegurança gritar, o amor nascer, a nova vida se apresentar.

Deixe chover a saudade da sua liberdade, sinta o peso da responsabilidade, o poder dos hormônios.

Chove, menina, chove!

Só assim, permitindo-se ser chuva, você vai conseguir ver o momento em que as gotas param de cair. Só assim, se entregando por inteiro, você vai sentir o cheirinho da terra molhada e enxergar os raios de Sol surgindo. Você vai perceber que o mundo ainda está ali, mas mais iluminado, claro, bonito. Mais limpo.

Renovado, transformado. Forte!
Se entregue, menina.
Chover também é dádiva. Dá flor.

Nevoeiro

Ninguém me via. Ninguém me entendia. Me sentia por trás de uma névoa.

Ficava ali, tentando lidar com todas as surpresas. Por que não me contaram? A névoa ia aumentando e eu ia me calando.

Por que ninguém fala sobre a mãe que, assim como o bebê, acabou de nascer? Se é ela quem cuida do bebê, o mais lógico seria que todos os envolvidos cuidassem dela e olhassem por ela, não é? Como não se importar? Como não colocá-la em primeiro lugar? Não faz sentido.

Eu ficava por trás das lágrimas, embaixo desses pensamentos, dos medos, da culpa, do cansaço. Completamente indignada com a falta de amor.

Era tudo cinza. A névoa não ia embora. Eu nunca tinha ouvido falar naquilo, então eu me sentia uma ET. Uma mãe sem coração.

Mas isso não vai acontecer com você, porque eu vou te contar.

Vou te contar que é completamente normal que o amor pelo filho não aconteça em um passe de mágica, forte e arrebatador. Vou te contar que é normal sentir vontade de chorar e até arrependimento, principalmente nos momentos de esgotamento. Sentir-se vulnerável e frágil faz parte.

Vou te contar que amamentar não é como nas novelas. No início dói, muitas vezes sangra e é preciso muita garra.

Pode ser que não dê certo e, se não der, o mundo não vai acabar. Tudo vai ficar bem.

Vou te contar que provavelmente você sentirá falta da sua liberdade e isso não significa que você é ingrata. E que pedir ajuda é fundamental. Você não precisa fazer tudo sozinha, então aceite ajuda de familiares e amigos. A participação do pai é fundamental e necessária.

Fique apenas com a carga que cabe a você, ela já é imensa.

Traga para perto quem te afasta a névoa.

Deixe o Sol entrar.

Ei, mãe, pare tudo o que você está fazendo e leia com atenção.

Existe amor. Sempre existirá.
Independente das suas escolhas, dos caminhos pelos quais o seu maternar vai te levar e de tudo o que você sente.
Existe amor na mãe que gera e na que adota.
Na mãe solo e na que é casada.
Na que tem o parto normal e na que fez uma cesárea.
Na que amamenta e na que oferece a mamadeira.
Existe amor.
No blues e na calmaria.
Na dúvida e na certeza.
No desânimo e na empolgação.
Nas olheiras e nos sorrisos.
No medo e na coragem.
No pesar e na leveza.
Nas lágrimas e nas gargalhadas.
Existe amor.
Na cama compartilhada e no berço.
Na escolha de ficar em casa ou de sair para trabalhar.
Em colocar na creche/escola logo, ou esperar a criança crescer mais.
Existe amor no seu maternar, no da vizinha e no daquela mãe com quem você não tem afinidade nenhuma.
E mesmo que você tenha dificuldade de falar sobre ele ou externalizá-lo, ele existe. Existe para todas as mães.
Não deixe ninguém, absolutamente ninguém fazer você duvidar disso.
O grande segredo, o que as sábias mulheres das tribos indígenas dizem, é que o amor de mãe é a ponte mais po-

tente de todas. É através dele que Deus se comunica levando luz e sabedoria para você. Por isso, acredite, o seu amor é seu guia, é sua força. É só ele que conhece a sua verdade. Não deixe de acreditar.

E se insistirem em diminuí-la, dizendo que é "pouco" baseado nas suas escolhas e nos seus sentimentos, manda catar coquinho na praia, ou te procurar lá na esquina. Se não resolver, vire leoa e proteja, com o mesmo ímpeto que você protege o seu bebê, essa maravilha que nasce do seu coração.

Esse amor é filho seu e de seu filho. É divino.

Os parceiros

FERNANDO FREIRE

Puerpério, uma batalha épica conquistada nos bastidores e que tem nós, pais e parceiros, como lutadores importantíssimos.

Período duro de adaptação para todos, mas principalmente para a mãe.

No início, o peito dói, a gente não sabe exatamente como realizar o encaixe da boca com o mamilo. O peito racha, mas o bebê não compreende. Ele não sente a dor da mãe. O pai observa tudo, muitas vezes se sentindo impotente, mas sempre tentando motivar e fortalecer sua companheira. Seja segurando o bebê, pegando água, dando um beijo, fazendo uma comida gostosa ou mantendo a casa em ordem. Pode ser também ficando com o bebê para a parceira tomar um banho tranquilo ou para ela poder dormir mais uma horinha pela manhã.

A batalha, na maioria das vezes, acontece no escuro. O bebê suga, a mãe chora, se torce, se contorce, mas sustenta o filho no peito. Já o pai com o coração apertado apenas observa e segue sendo a mão estendida mesmo que às vezes se sinta de mãos atadas. Tem que ter amor, tem que ter paciência. Tem que ter força.

Toda a teoria, todos aqueles milhares de estudos, livros e cursos pouco adiantam na prática. É tudo novo. Principalmente o bebê com suas particularidades e a parceira lidando com todos os sentimentos em ebulição.

A batalha é grande, mas bonita, quando ninguém solta as mãos de ninguém. É uma batalha que se vence junto. E no final, a vida sempre nos recompensa. É o sorriso do bebê enquanto adormece em nossos braços, o olhar carinhoso da parceira. É a certeza que se formou uma família não só para inglês ver, mas emocionalmente falando. Cada um com o seu papel definido.

Como nos fortalecemos juntos, meu amor. Eu dou o meu melhor por vocês. Espero que sintam.

Simbiose

Estamos ligados, embolados. Não sei o que sou eu e o que é você. Se isso é bom ou ruim? Também não sei. Apenas é.

Você saiu e ainda parecemos um só. É confuso ter essa extensão do meu corpo fora. Afastar me dá angústia. Às vezes, meu coração não sossega, se você não está no meu colo. Ou se as nossas respirações não estão no mesmo ritmo. Cadenciado ou rápido, não importa.

Preciso estar contigo.

É como se eu me vestisse quando te visto, me alimentasse quando te alimento. Cuidar de você é cuidar de mim. Passamos os dias assim. De madrugada, acordo quando você está acordando. No mesmo passo, no mesmo sopro, na mesma vida.

No mesmo corpo, mesmo que separados.

Eu não nasci pra ser mãe

MARIA DINAT

Eu cuidava de minhas bonecas (na verdade eu gostava de cortar o cabelo delas), mas isso é o mais próximo de ser mãe que eu fui um dia.

Tinha planos de ser, quem sabe depois de viajar o mundo, sair na capa da Forbes, beber todas as Ipas do Planeta.

Eu não nasci pra isso, e acredito que nenhuma mulher também, mesmo aquelas que sonham desde sempre.

Mesmo aquelas com instinto, mesmo as cancerianas.

Não têm vocação pra isso, nem dom.

Ser mãe é um processo.

Longo e delicado.

Não tem livro que ensine sobre isso, nem um passo a passo.

Eu não me tornei mãe no exato segundo que meu filho nasceu, eu fui aprendendo no decorrer das horas.

É difícil dormir num dia de um jeito e acordar mãe no outro.

Por isso tem aquele chororô dos primeiros dias, por isso aquela baita culpa de pensar: por que eu fui fazer isso?

Ninguém nasce sabendo, mas chorando sim!

O choro que alerta, que acorda, que transborda.

Eu não nasci pra isso, mas me esforço pra entender, como aula de Física.

E conforme os dias passam, você pega os macetes, pega amor, vira bicho.

Daí sim você percebe que leva jeito, e talvez até se atreva a ser mãe de muitos.

E se atreverá a dar conselhos, ou até tentar explicar o que não tem explicação.

Eu não nasci pra ser mãe.

Eu escolhi ser.

In love

Quando o bebê nasce, o nosso coração sai do peito. Tudo muda! Nasce também o vínculo com alguém que a gente acabou de conhecer, mas que gera uma constelação inteirinha de sentimentos.

Sempre me questionei sobre esse começo tão incrível, porém tão conturbado. Sempre me questionei sobre o que se passa no coração das mães. Mas nunca parei para pensar no cérebro, apesar de saber que a ocitocina é nossa amiga fiel nesse início.

Esses dias, porém, ao ler um artigo, tudo fez sentido pra mim. Foi como conhecer uma espécie de fórmula materna.

Está sentada para a descoberta? Lá vai!

Você sabia que o cérebro das mães ativa regiões similares ao de uma mulher apaixonada?

Bingo! Bingo! Bingo! Mil vezes bingo.

É isso, é essa a sensação. Paixão. Coração acelerado. Emoção à flor da pele. Pensamento só no bebê. Necessidade de estar grudada o tempo todo na cria. Esquecemos da gente. Tudo isso junto com uma relação novinha em folha e com um caminho enorme a ser trilhado.

Por isso gera insegurança, ansiedade, medo e essa enxurrada de sentimentos.

Não é exatamente assim quando nos apaixonamos?

Não é toa que eu enxergo poesia em cada cantinho da maternidade. Alguns dias, leve e florida. Em outros, densa e difícil de ser interpretada.

E eu? Ah, eu sigo apaixonada.

Não se acanhe, não tenha medo de cara feia e olhos virados. Estabeleça as regras, proteja seu recém-nascido. E vamos combinar? Não existe, não pode, é estritamente proibido visitar um recém-nascido quando se está doente. Mesmo que seja bem no finalzinho de um daqueles resfriados bobos. Vamos combinar outra coisa? Nos primeiros trinta dias, só visita quem é íntimo. Quem você quer. Já quem não tem intimidade com a família que acaba de nascer, espera. É educado e prudente. E outra coisa (a última, prometo!), visitas não precisam ficar beijando o recém-nascido. Nem nas mãozinhas nem na bochecha. Eles são muito frágeis e delicados. Ajudas, sim, são bem-vindas. Segurar o bebê para a mãe tomar banho, fazer um café, lavar uma louça, esquentar a água para o banho do bebê, aquecer a refeição da mãe.

Não é frescura. É proteção, cuidado, amor. É responsabilidade com quem acabou de chegar nesse mundo.

Hora de escrever. Empodere-se e, nas próximas páginas, escreva as regras para visitas. Reflita. Escrevendo, você vai perceber o que é importante para você. O que não dá. E o que não pode faltar.

Puerpério
GABRIELLI LACERDA

Então chegam os três primeiros meses. Lembro bem quando me falavam que eles eram difíceis. Noites maldormidas? Cólicas? Diarreia explosiva? Isso é difícil?
Minha amiga, o difícil mesmo ninguém te conta.

Sim, hora de falar do puerpério. Se essa palavra te soar nova, vou explicar: puerpério é a fase pós-parto.

Como dizem, o puerpério é líquido: leite, sangue e lágrimas.

Você engravidou, veio o parto, seu bebê é saudável, o enxoval é lindo e você chora. Chora de dia, chora de noite, chora no banho, chora. Não é tristeza, não é felicidade. É um vazio. Você se olha no espelho e não sabe quem é.

Enquanto você está tentando entender o que foi que aconteceu, olha só o que vem: "Não chora que o bebê sente", "Não fica nervosa que o leite seca", "Você não queria? Filho é isso!".

"Achei ele grande!"

"Achei ele pequeno!"

Achei, acho, acharam, acham. O tempo todo.

E você ali, mordendo mais uma vez um pano enquanto seu bebê se alimenta no seu seio que está ferido. Você, que adora uma comida quente, se vê comendo qualquer coisa fria às duas da madrugada – e de novo o bebê não dormiu.

Aliás, sabe quem pode ajudar você a passar por isso?

O bebê.

Sim, esse que todo mundo diz que não entende nada, fica ali te olhando chorar. Ele te olha com amor.

O amor de mãe é forte porque é construído também em cima de fraquezas. Você tem que deixá-las aparecer. Faça isso por amor. Só um amor inexplicável é capaz de fazer você olhar de frente para as suas fraquezas. O mantra "vai passar" que você repetia trezentas vezes ao dia vai sendo substituído por "está passando". Os dias ficam mais fáceis e tirar um tempo pra você volta a ser algo interessante.

Depois de um tempo, você vai ver na sala de espera do consultório do pediatra uma mãe com um bebê recém-nascido, olheiras, vestindo uma legging e camiseta, e você vai ter vontade de abraçá-la. Você vai ter vontade de dizer que sabe como ela se sente.

Eu passei por isso, você passou por isso, a princesa da Inglaterra passou por isso. O que temos em comum, além do puerpério, é a certeza de que passaríamos por tudo isso de novo pelos nossos filhos, disso eu não tenho dúvidas.

Lição de amor

É assim mesmo, um *looping* de sentimentos, quando a gente tem um recém-nascido.

Você deve estar feliz e emocionada, quase sem acreditar que tem seu filho nos braços, e ao mesmo tempo que nunca esteve tão, tão, tão cansada. Aqui entre nós, eu sei que esse cansaço hora ou outra tira a gente do eixo. Gera desânimo, frustração, lágrimas. Medo.

Eu sei que quando chega a décima mamada da madrugada você pode jurar que não vai conseguir se levantar. Também sei que você deseja um banho longo e tranquilo. Sei que provavelmente está louca de vontade de comer uma barra inteirinha de chocolate, mas prefere não arriscar porque disseram que dá cólica no bebê.

Eu entendo você. Mas, por alguns minutos, pare tudo o que você está fazendo e olhe com atenção para o seu bebê. Olhe com cuidado.

Se concentre nos olhinhos que nem enxergam direito mas te olham como ninguém jamais te olhou. Se concentre na fragilidade da cabecinha e do pescocinho que mais parece ser feito de mola. Olhe com atenção os detalhes das mãozinhas minúsculas que costumam ter fiapos de roupa entre os dedinhos. Repare na finura das unhas e no toque da pele dos pezinhos recém-chegados do céu. Atenção para o corpinho. Você já viu algo mais indefeso?

Agora volte a reparar como ele te olha, como ele acredita. Repare como ele não hesita em confiar nos seus cuidados, mesmo nos momentos em que você perde a paciência. Ele crê em você. Sem motivo, sem razão, sem "porquês".

Ele te ama na cólica, no frio, na fome, na sede. No desconforto. Na dor. Ele te ama fedida, de coque, sem escovar os dentes e com a roupa surrada. Ele te ama no seu mau humor e, nas suas breves ausências, te espera.

O amor dele por você não tem medida, não tem começo, meio. Não tem pausa. Não tem dúvida. Nunca terá fim.

Dizem por aí que as mães ensinam os filhos sobre o amor. Mas acredito que são eles, recém-nascidos, que nos dão a maior aula de amor que a humanidade já viu.

Já parou para pensar que, de certa forma, eles nos ensinam a amá-los?

Claro, não dava para esperar menos de quem acabou de chegar do céu.

Deus sabe de todas as coisas.

O tempo na maternidade

O início da maternidade é conturbado.

Não importa se você teve depressão pós-parto, *baby blues* ou se não teve nenhum dos dois. Não importa se você é casada ou mãe solo. É conturbado porque é uma experiência nova e somente sua.

Sabe o que mais contribui para ser tão conturbado? Os minutos que se entrelaçam nas mamadas, as horas que se costuram nas trocas de fraldas, os dias que se embolam na rotina.

Eu sei, eu sei, é fundamental e necessário se entregar de corpo e alma para esse momento único. Mas é preciso tomar cuidado para não abandonar o fio da meada, não deixar ser costurada nisso tudo e acabar por perder completamente a noção de tempo. Você corre o risco de não conseguir identificar seus progressos como mãe.

E acredite, é fácil fácil cair na armadilha da rotina, você não sabe mais se é noite ou dia, e acaba deixando de lado, sem perceber, sua sanidade, sua autoestima. O controle do seu maternar.

Por isso, você tem que estar solta para poder se deslocar e enxergar seu maternar de uma outra perspectiva. Pare. Uma vez por semana, por mês, no tempo que você preferir. Mas pare e olhe em volta. Olhe para dentro. Recapitule. Separe o joio do trigo. Assimile.

Escreva.

Sim, escreva. Por quê? Para você conseguir olhar para trás e perceber o trabalho lindo que tem feito como mãe. E também para você organizar seus sentimentos e pensar onde gostaria de melhorar, além de mentalizar o que possivelmente vem pela frente.

Vamos começar esse exercício ao longo da leitura?

Escreva as primeiras sensações que a maternidade te trouxe.

No último mês, o que fez você se sentir grata?

_____
_____
_____
_____
_____
_____
_____
_____
_____
_____
_____
_____
_____
_____
_____
_____
_____
_____
_____
_____
_____
_____
_____
_____
_____
_____
_____

O que você aprendeu?

E quais são suas intenções para o próximo mês?

A partir de agora, firme um compromisso com você mesma.

Faça, de tempos em tempos, uma visita aos seus pensamentos e sentimentos. Pode ser de mês em mês, de semana em semana, todos os dias.

O que fizer sentido para você.

Mas faça. Você tem um encontro marcado com o que está sentindo.

Falar é preciso

Assunto velado. Pouco falado. Por quê? Se deveria ser um dos assuntos mais abordados! Ninguém gosta de falar sobre e isso só faz doer mais. Faz ser ainda mais difícil. Muitas mulheres sofrem caladas por conta disso. Por ninguém falar, várias mulheres demoram para procurar ajuda. Por ser um assunto "proibido", algumas mulheres chegam a se suicidar ou a matar os próprios filhos.

Que horror? Sim, um horror a sociedade fingir que não existe um assunto que deveria estar em constante foco.

Muitas leitoras achavam que estavam com blues, quando na verdade era algo mais sério. Estou falando de depressão pós-parto (DPP).

O *baby blues* acaba mascarando a DPP porque as duas coisas estão relacionadas com melancolia, com choro, tristeza, cansaço, com insegurança e puerpério. Vamos aprender a diferenciar uma coisa da outra?

O *baby blues* é causado por uma descarga de hormônios que ocorre quando o bebê nasce. Atinge 80% das mães. Dura de 15 a 30 dias e pronto, vai embora. É como uma TPM, mas em dose cavalar. Mesmo com toda essa pressão, a mãe consegue fazer o que tem que ser feito. Cuida do bebê, cria conexão. No fim do dia, sente os sintomas com mais intensidade.

Ao contrário do *blues*, na DPP a mãe não tem vontade de realizar suas funções, não tem desejo de estabelecer vínculo com o bebê e sente muita tristeza. Em alguns casos, porém, ela cria uma relação de superproteção com o filho e não deixa ninguém ajudar. A intensidade dos sintomas é mais forte e presente do que no *blues*.

A DPP geralmente acompanha mães que já tiveram em algum momento doenças psiquiátricas, traumas ou falta de apoio familiar. Na maioria dos casos, começa na gravidez e se acentua com a chegada do bebê.

Todo mundo que está em volta deve se sentir responsável por essa mãe.

O nascimento de uma mãe não é nem um pouco fácil como contam por aí. Por isso, ter alguém olhando e cuidando de você é primordial para que as coisas fluam.

Se estiver na dúvida, mãe, procure ajuda.

Relato da alma

RIH OLIVEIRA

14 meses totalmente submersa na minha maternidade.
14 meses foi o tempo da minha gestação para renascer.

A maternidade me virou do avesso, me lançou no abismo que há em mim.
 E eu cai fundo, bem fundo. Achei que não conseguiria mais voltar.
 Solidão. Silêncio. Escuridão.
 Chorei, gritei, mas ninguém conseguia me escutar ou entender.
 Cheguei a um lugar onde me deparei com os meus piores pesadelos.
 Me vi de frente com a minha essência mais pura! Me vi de frente com os meus medos, com as minhas fraquezas.
 Lutei muito contra eles e por fim me entreguei. Vivenciei todas as minhas dores para conseguir imergir com toda a força que adquiri.
 E agora consigo, enfim, dar o meu primeiro "sopro de vida". 14 meses depois.
 Ainda tentando, como uma recém-nascida me adaptar ao novo. Mas gostando do que hoje me tornei: eu.
 Eu comigo. Eu como mãe. Eu como esposa.
 Se tenho ainda medos?
 Sim!
 Mas aprendi a nadar em mim.

Ele chora

Bebês *high need*, refluxo gastroesofágico, picos de crescimento, saltos de desenvolvimento, ansiedade da separação, APLV. Já escutou falar?

Todos esses nomes estão relacionados a bebês e a choro, muito choro.

Aliás, se ainda não te contaram, bebês choram. E para isso não adianta você fazer Yoga e nem tomar florais na gravidez. Bebês choram mesmo assim. Não adianta mentalizar todos os dias que o bebê será "calminho". Esquece isso. Foca no que acontece, de verdade.

É da natureza do ser humano chorar quando se é bebê. É como nos comunicamos. Claro, uns choram mais, outros menos, mas todos choram. Por isso, já entre na maternidade com essa certeza. Se chorar pouco, maravilha! Se chorar muito, ok, você já estava esperando por isso mesmo.

Dos nomes difíceis, fora o refluxo que precisa de diagnóstico e muitas vezes de tratamento com medicação, e o APLV que também precisa de diagnóstico, todos os outros só precisam de *algumas coisinhas* para que a relação mãe e bebê flua.

Para começar, você precisa aceitar que bebês choram e que precisam de muita atenção e muito colo. Ponto.

E é o seguinte: você precisa de paciência proporcional ao choro do seu filho. Sim, respirar no saquinho, largar pela metade o que está fazendo sem tanto sofrimento. Desapego, mesmo.

Foco na empatia por esse ser que acabou de nascer e que só consegue se comunicar dessa maneira. Não deve ser nada fácil ser um bebê, não é mesmo?

Além disso, é lei: não compare seu bebê com nenhum outro do planeta. Nenhum. Outro.

Ainda lembro da minha ansiedade e do desespero de ver meus filhos se esgoelando de tanto chorar. Isso me angustiava tanto! Talvez porque ninguém tenha me falado sobre o choro dos bebês de uma maneira real. Talvez porque o choro é sempre visto como algo "negativo". Que tem que ser "calado".

Veja bem, sei que não é fácil escutar aquele som de decibéis elevados. Sei que estressa. Mas ele existe e faz parte dessa fase. Aceitar isso acalma. Faz tudo ser mais leve.

Ser mãe também é sobre ouvir muito choro.

É exatamente nessa hora que ele mais precisa de você.

Não tem moleza

RAÍSSA RASSI VALICENTE

Depois que me tornei mãe percebi que ninguém fala a verdade sobre os primeiros meses. Não me entenda mal, você fica olhando aquele rostinho, decorando cada traço do seu bebê, mas de alguma forma dói. Talvez porque todo nascimento deixa algo pra trás. Uma parte de você morre pra dar vida a um ser. A pessoa que você sempre foi, dá lugar a outra muito mais generosa. Aquele ser depende de você pra tudo.

É instintivo. Você cuida da cria. Não dorme. Hormônios loucos, o bebê chora, você chora junto. Você dá o peito uma, duas, três, mil vezes e percebe que amamentar suga a alma. Cansada, troca fralda. Come quando consegue. Tenta se manter firme. Amanhece sem pregar o olho. Começa tudo de novo.

Mas os dias vão passando e, se você se olhar com amor, descobre que vai ficando mais forte. Você sabe o que fazer, sua relação com seu filho vai ganhando intimidade. Os palpites já não te incomodam tanto, e você já tem uma certa segurança que sabe o que é melhor para seu filho. Você ama desesperadamente, mas as vezes sente que não é o suficiente. E ninguém te conta que essa mistura de sentimentos acontece. Como quantificar sentimentos? Mensurar intensidade? E de repente, numa madrugada de uma quarta-feira qualquer, aquele bebê já mais espertinho, te dá um sorriso. Como se soubesse que você precisa dele. Te olha diferente. Te quebra no meio. Você entende aquele amor todo que todos tentam explicar. Você se vê "mãe" numa quarta qualquer. A ficha cai.

A mulher guarda tudo pra si. Ama na mesma medida que sofre, e cala. E é isso que torna tudo difícil. É esse padrão equivocado que temos que mudar.

Você tem uma amiga grávida? Acabou de ter filho? Converse com ela, seja honesta sobre sua experiência. Troque ideias. Não fique competindo. Maternidade não é sobre quem tem o filho mais esperto ou quem perdeu o peso mais rápido. É sobre empatia. Sobre crescer junto. Ser o melhor que você pode ser para o seu filho e não para os outros. É sobre ser uma pessoa melhor errando e acertando. Não tenha filhos pro seu ego, pra mostrar como tudo é lindo e perfeito. Não é.

Amar a bagunça no seu coração é o segredo.

Madrugada adentro

Escura. Funda. Acordar de hora em hora e encontrar com ela, muitas vezes, assusta. Os olhos ressecam, o cansaço machuca. O tempo que não passa. O bebê chora e de jeito nenhum acalma. Trocamos fralda, ninamos, damos carinho e acalento. Choramos, perdemos a paciência e ela ainda ali, olhando a gente. Vem a solidão. O peito aperta. Ela não vai embora. A madrugada dura a vida inteira.

Sempre bati de frente com ela. Eu querendo dormir e ela me querendo acordada. Mesmo quando meus filhos já dormiam, de repente, eu despertava. Era como se ela me chamasse. Cobrava minha presença. Que raiva! Que raiva!

Certo dia, porém, enquanto meu bebê mamava, encontrei paz no silêncio dela. De repente. Entre uma escuridão e outra. Encontrei a beleza daquele momento. A raiva de lado, dormindo, e eu via meus pensamentos passeando, com calma, encontrando lugar.

Escutei meu bebê me sugando, o peito esvaziando, nossa respiração.

O som de sermos um só.

Foi a primeira vez que senti isso. Ali, naquele momento, fiquei amiga dela, arrependida por ter me queixado tanto. Claro que hora ou outra ainda temos alguns arranca-rabos. Mas, hoje, sei que só existe o dia porque existe a noite. A luz entrou. Continuamos em paz. Eu, meu bebê e a madrugada dentro da gente.

Conta aqui: como têm sido as madrugadas com o seu bebê?
___

E quem não amamenta?

FABIANA TUCUNDUVA

Amamentar, um ato de amor, cumplicidade e troca.

Essa troca acontece só amamentando no peito?

Amamentei até 1 mês e meio. Saber que em meu peito não havia leite suficiente, que minha bebê estava com fome e que eu teria que dar a "terrível" mamadeira, partiu o meu coração, não, pior, me fez sentir a pior mãe do mundo!

O que as pessoas pensariam?

A primeira mamadeira foi um caos, pedia desculpas a cada golada que ela dava. Mas o olhar dela era de satisfação, as minhas lágrimas eram de angústia.

Conforme os dias foram passando a angústia e dor iam diminuindo. Observando o olhar dela para mim nas mamadas, despertei. O olhar continuava o mesmo de quando estava mamando no meu peito. "Mamãe se acalme, estou bem."

Aquele olhar me fez mudar. Descobri que amamentar independe de peito ou mamadeira. Amamentar é um ato de entrega e amor, seja como for.

Passaram-se alguns meses, aquele amargo saiu do coração.

Quando eu saía com ela nas ruas as pessoas questionavam por que eu não dava peito. Como se eu devesse uma explicação para o mundo. Porém, ninguém quer saber da sua dor. Parei de me justificar. Aceitei o que eu pude dar.

Sou mãe de peito por 1 mês e meio e de mamadeira até hoje com muito orgulho.

Se você for, se orgulhe também.

Independentemente de ser no peito ou na mamadeira, como tem sido a experiência de alimentar seu bebê?

Cole aqui uma foto desse momento mágico:

Até a última gota

É só doar, não é? E tanto que você provavelmente se sente solitária e cansada. Muitas vezes "exausta" é a palavra que mais se encaixa.

Mas o fato é que tudo isso vai ficar para trás. Eu sei, filhos demoram anos para serem companhia. Mas esse dia chega, ah, chega.

Um belo dia você vai perceber que seu filho te conhece melhor do que ninguém, por dentro e por fora. Só de te olhar ele já vai saber o que você está sentindo. E não adianta tentar disfarçar.

Você vai receber carinho e abraço nos dias tristes, e nas suas conquistas ele será o primeiro a abrir um largo sorriso e vibrar contigo.

É, o carinho vai e volta.

Claro que não é um mar de rosas. Tem chilique, insistência, briga entre irmãos. Educar é surreal de exaustivo. Porém, sentir que eles se importam é a certeza de que todo o afeto que demos foi e continua sendo absorvido.

Sentir o carinho voltar é o maior presente.

Ei, você aí que cuida de um bebê, toda a doação não só valerá a pena, como deixará seu coração sempre quente.

30 dias

MARIA CAROLINA CAMPOS DA SILVEIRA

Há 1 mês estava prestes a tornar minha brincadeira preferida da infância, realidade! Estava prestes a te conhecer minha filha. Queria descobrir que cor eram seus olhos, como era seu nariz, seu pezinho. Quando te vi pela primeira vez, ainda na sala de cirurgia, parecia que o mundo tinha parado. Não sei explicar. Foi como se eu tivesse explodido por dentro. Parir dói, não vou negar. Uma dor que marca o fim de muita coisa e o começo de tantas outras. Me despedi de certos medos, conheci outros. Dei adeus a algumas certezas e a várias lembranças. De dormir o quanto eu quisesse e do egoísmo que estava misturado com o conceito de liberdade.
Senti o tipo de amor mais complexo e mais simples do mundo.

Há 1 mês eu não tinha noção de que iria colocar o dedo embaixo do seu nariz pra ver se estava respirando, ou que eu ia levantar de minuto a minuto para conferir se estava tudo bem com você, se não tinha nenhum bicho por perto, ou se você não estava sufocando com a manta. Também não imaginava que comemoraria quando você fizesse seu primeiro cocô.

Ainda estou me adaptando. Só não entendo esse medo enorme que sinto. Medo de tudo. Eu que sempre fui corajosa, aventureira, a que encorajava as pessoas, a que tomava frente e dizia ser forte, hoje tenho medo.

Nesses 30 dias eu conto nos dedos os momentos em que vi a rua, ou que sabia se estava sol ou chuva lá fora, conto nos dedos as peças de roupa que usei sem ser camisola. Conto também os dias em que tive tempo para me preocupar com cabelo, unha, maquiagem.

Eu não sei o que passa no mundo lá fora, meu mundo agora é outro, o que me preocupa agora são outras coisas. Minhas prioridades mudaram.

Pois é, nesses 30 dias eu te conheci. Sei quase tudo sobre você. Mas vejo que o meu grande desafio está sendo descobrir que sei pouco sobre mim.

A sensação que senti quando você nasceu de ter "explodido por dentro" era a sensação que explicava o que um dia me disseram: "Não preocupa filha, quando nasce um filho, nasce também uma mãe", ali eu pude entender: ser mãe é definitivo.

Passando para te lembrar que você tem um encontro marcado com o que está sentindo.

Virou mãe? Virou casa!

Forte, né?

Sim, virou forte, foguete, farol, navio, avião.

Nosso corpo é morada durante a gravidez, e continua sendo – depois que eles nascem e para todo o sempre.

Como pode um corpo em movimento ser casa? Casa itinerante, ué.

Sim, somos lar para eles, onde quer que seja.

Do outro lado do mundo? Se você estiver lá, ele se sentirá em casa.

Na Lua? Com você ao lado, pode apostar que sim.

Em Marte? Se você estiver junto dele, com certeza.

Não temos teto para proteger da chuva, mas temos braços. Não temos cama quentinha, mas temos colo. Temos mãos para dar, olhos para acompanhar, ensinamentos para passar.

E é por isso que quando encontramos com eles depois de um tempo longe, escutamos reclamação, manha, choro. Eles desmontam. Afinal, chegaram onde?

Em casa.

Quando nos tornamos mães, choramos nossas pitangas para quem?

Nosso lar, claro, nossas mães.

Nascer mãe é isso. Buscar lar e ser lar. É confuso, mas aos poucos tudo vai se encaixando. Vamos caminhando, um dia de cada vez. Nos fortalecemos. É a lei da vida. A maternidade ensina.

Por isso, se você está se olhando no espelho e desejando o corpo antigo, não esqueça: agora seu corpo é um incrível e surpreendente lar ambulante!

Escuta

Meus filhos, minhas regras. Porém sempre de coração aberto para ouvir outras experiências.

É fundamental escutar.

Escutar o que o pediatra tem para dizer. Participar de rodas de conversa. Se unir a outras mães.

É incrível treinar os ouvidos para escutar a voz da experiência da sua mãe, da sua tia, da vizinha que tem filhos mais velhos. Só agrega!

É muito bom ter os ouvidos disponíveis e o coração aberto, é muito saudável essa troca, como energiza!

No final do dia, porém, todas as decisões que irão conduzir o seu maternar devem ser suas. Claro, a gente sempre traz algo que escutou e acha que vale a pena experimentar. Mas não podemos esquecer do mais importante: filtrar e conseguir perceber o que de fato é bom para a nossa realidade.

Perceba a sutil diferença entre quem quer trocar experiências e quem quer pregar seu próprio maternar!

Mantenha os ouvidos abertos, *inclusive para ouvir você mesma.*

Não é fácil aprender a lidar com os palpites. Como você tem encarado os que você recebe? Como eles te afetam?

Não é o peito
VIVIAN LEITE

Já ouvi algumas vezes em rodas de amigos e familiares a seguinte frase: "Ele é grudado nela por causa do peito."

Mas eu, que sou a mãe, enxergo um mundo inteiro além disso. Os detalhes do dia a dia só eu consigo ver.

Sou eu que lavo a louça com ele agarrado em minhas pernas, sou eu que cozinho com ele grudado em meu pescoço e sou eu também que coloco roupa na máquina com ele nos braços. Sou eu que arrumo a cama com ele no chão ao meu lado, cantando na tentativa de distraí-lo, sou eu que em encontros, festas e restaurantes fico com ele no colo, comendo com uma mão só, ou tentando distraí-lo quando ele já não quer mais ficar sentado na mesa com os adultos. Sou eu, percebe? Sou eu, só eu!

Então, eles que me desculpem, eu não sou "só" peito, o peito é somente o intervalo de todas essas outras coisas que são enormes, milhares, repetitivas, minúsculas, únicas. Eu sou o mundo para ele, eu sou amor, eu sou mãe!

Expectativas frustradas

Você achou que o bebê viria na hora "certa", quando você tivesse a idade "certa", com o parceiro "certo" e quando o cosmos estivesse propício. Mas não foi bem assim que aconteceu e tudo bem.

Você achou que a gravidez seria um sonho, que você não iria passar mal e que não fosse ganhar muito peso. Você nunca imaginou que ia inchar tanto, a ponto de parecer um "João bobo". Você nem imaginou o repouso e não sabia que existia um bendito nervo chamado ciático que ia doer pra c...aramba.

Eu sei, não foi como você imaginou, mas tudo bem.

Você achou que as aulas de Yoga e as meditações te ajudariam a ter um parto tranquilo, zen. Achou que a música ajudaria. Mas o parto parecia não ter fim e você pediu "pelo amor de Deus" para desligarem o som. A dor foi tanta que você achou que ia matar o seu marido antes de o bebê nascer, afinal, quem foi mesmo que colocou aquele bebê ali dentro?

E mesmo assim tudo bem.

Você achou que a amamentação, por ser natural e instintiva, seria como nos comerciais. Tudo se encaixando perfeitamente. Mas o bebê não faz a pega direito e isso fere seu mamilo. Dói. Sem contar que seu peito parece uma bexiga a ponto de explodir porque seu bebê ainda é muito pequeno e não dá conta de mamar tudo. De tão cheio, o peito até brilha. Mas tudo bem, você vai encontrar um caminho.

Você achou que o bebê seria tranquilo, afinal você fez Yoga, meditou com budistas e fez exercícios transcendentais na água. Mas a realidade é que o bebê chora e sente muita cólica. E tudo bem.

Sim, tudo bem. A maternidade não depende só de você, depende também do seu bebê.

"Mas a minha vida parece estar de pernas para o ar!"

Eu sei, mas respire, relaxe. Mande a idealização passear. Agora é a maternidade como ela é. E é assim comigo, com você, com todas nós, pode acreditar.

Mande as expectativas embora. Deixe entrar a realidade e aí você vai entender o quanto ser mãe é incrível.

Passeando pelo puerpério?

Existe aí, em algum lugar, frescor.

Existe aí, em algum lugar, uma mulher com desejos e vontades.

Existe aí, em algum lugar, memórias que têm o poder de acender o seu coração, o seu corpo, e jogar pra lá um pouco do cansaço da vida de mãe

Existe uma história de vida, personalidade, preferências, aptidões, sonhos.

Existem experiências incríveis que devem sempre ser relembradas.

Existem as músicas que você ama, sua comida preferida, os filmes a que você gosta de assistir, os livros que você tem vontade de ler, seu esporte favorito.

Fotos de momentos inesquecíveis. Amigas.

Existe a sua história, o seu eu, a sua identidade.

Por isso, eu te peço: não caia na armadilha de achar que o seu nascimento como mãe é a morte da mulher que você é. Por favor, não acredite nisso.

Eu sei o que você vai me dizer.

No início, o foco é o bebê e a entrega para a maternidade. A vida muda da noite para o dia. Se adaptar à nova realidade leva tempo. Claro que é intenso. É uma entrega surreal, sem precedentes. Eu sei, eu já estive no seu lugar.

Também sei que o puerpério pode funcionar como uma bomba atômica e ter deixado seus sentimentos e emoções à flor da pele.

Eu sei que é tanta função que quase não sobra energia. Mas acredite, lá no fundinho tem uma faísca, ela pode estar quase apagada, mas é potente para caramba. Me atrevo a dizer que, sem ela acesa, você nunca será uma mãe completa.

Nesse momento, a faísca é minúscula. A escolha é sua. Deixar apagar ou torná-la sua guia, você que decide.

Não achou a faísca? Procure com cuidado, ela está lá: entre a dúvida se o último peito dado foi o direito ou o esquerdo, se o bebê fez ou não fez cocô hoje.

Pode apostar que a exaustão dessa rotina de trocar fralda, dar de mamar, colocar para arrotar, dar banho e acalmar choro pode ser infinitamente menos pesada se você não se desconectar dela. Da sua essência.

Sem sombra de dúvidas você deve ter uma rede de apoio. Mas, além disso, você pode ser a sua melhor companhia. Todas as suas particularidades, todas as experiências que você acumulou até aqui são muito importantes para sua construção como mãe.

Não abra mão de nenhuma parte de você.

E você, como está se sentindo? Como tem sido o seu puerpério? Escreva, vai te fazer bem.

4

Vamos em frente!

Mãe, acredite em você!

Quando a gente começa a perceber que o nosso abraço é mais importante para confortar a dor de um filho do que o analgésico, que os nossos beijos são mais relevantes no processo de cura do que o antibiótico e que nossas mãos são mais significativas para afastar o desconforto da febre do que o próprio antitérmico...

Aí as coisas vão ficando mais fáceis e a insegurança passa a dar uma trégua!

365

Nenhum ano é mais transformador na vida de uma criança e de uma mãe do que o primeiro.

Os primeiros 365 dias são preciosos e marcantes. É o ano do encontro, da construção do vínculo, da conexão.

É lindo. É a vida começando como bebê e como mãe. É muito desafiador.

Para o bebê, é o primeiro contato com o mundo, é experimentar a respiração. É conhecer o rosto daquela voz que ele ouvia do lado de dentro. É pela primeira vez sentir frio, dor e aconchego.

O primeiro ano é sorrir e gargalhar pela primeira vez e chorar com frequência. É descobrir as mãos e os pezinhos. É ter o cérebro em constante desenvolvimento, é crescer a cada dia que passa.

O primeiro ano é conhecer os sabores dos alimentos. É o nascer dos primeiros dentinhos. É aprender a engatinhar, andar, dar gritinhos, balbuciar e falar uma palavrinha ou outra, mesmo que não seja completa.

Para a mãe, é a nova função pulsando no coração e ocupando cada centímetro da mente. É o parto, o puerpério, a amamentação. É conviver com a madrugada, cheirar leite, chorar de alegria e de cansaço.

É entender o que significa ter um ser humano totalmente dependente e aprender a abraçar o corpo transformado. O primeiro ano é se acostumar a não ter tempo nem de se olhar no espelho e passar o dia com um coque no cabelo.

    O primeiro ano é raiz, é alicerce, é base que se for construída com afeto e entrega trará benefícios para o resto daquela vida. O primeiro ano é tudo junto e misturado. É explosão de sentimentos. É ver um pequeno ser colocar a nossa vida de pernas para ar, mas não conseguir mais viver sem ele.

    Tudo passando em câmera lenta e em um piscar de olhos.

Falar a real não é reclamar

Às vezes, falamos sobre o lado difícil de ser mãe para alguém e a pessoa faz logo uma cara feia e diz: "teu filho é lindo e perfeito, não reclame e agradeça". Quem disse que não agradecemos? Por acaso essa pessoa está com a gente quando agradecemos ao fim do dia? Que gente sem coração! Como se nós não tivéssemos nem direto de sentir as dificuldades e inseguranças que vêm no pacote da maternidade. Será que as pessoas fazem ideia do quanto é desafiante ter alguém que depende inteiramente da gente? Será que ninguém imagina que precisamos elaborar e colocar para fora as nossas emoções senão a gente explode? Eu até posso entender a mulher que não é mãe achar que é reclamação ou exagero. Mas o que eu realmente não entendo são mães falando isso para outras mães. Quem não sente cansaço? Quem não sente insegurança? Quem não sente o peso da responsabilidade, fala pra mim? Que tal sermos mais tolerantes e termos mais respeito com o sentimento do próximo? Nós que criamos a autoestima do mundo agradecemos. Muito obrigada.

Nascente

Não adianta pesquisar. Nem os cientistas conseguiram explicar.

Não adianta se esforçar para fazer uma ideia, tentar mensurar ou compreender.

Ninguém sabe de onde vem. Onde fica a nascente. Nem mesmo quem sente, entende.

Será que vem da alma?

É imensamente complexo. Surreal! Uma grande mistura. Dói, mas também é a melhor sensação do mundo. Tem a mesma dosagem de medo e de coragem. Confunde e dá clareza. Pesa e dá leveza.

É um grande mix de alegria, questionamentos, insegurança e um coração imenso e preenchido.

Faz chorar e sorrir. Faz ser forte o suficiente para mover as maiores montanhas, mas também deixa a gente exausta. Não resta praticamente nem uma mísera gota de energia.

E então, surpreende. Surpreende porque mesmo quando pensamos que naquele dia não tem mais nada para nascer daquela fonte, está seca, vazia, algo acontece quando seu filho precisa de você. As Cataratas do Iguaçu acontecem. Jorram de sua fonte.

Só pode vir da alma.

Você chega a se assustar, fica sem entender. E se pergunta, com razão: de onde vem essa força misteriosa que existe dentro de você?

Amor de mãe, impossível compreender.

Gangorra

Com filhos pequenos, é difícil tirar o chinelo e o coque do cabelo.

É difícil acordar com pique total e sorrindo, quando se passa grande parte da madrugada acordada. Para falar a verdade, muitas vezes é difícil simplesmente acordar.

É difícil manter o peso comendo o resto da comida dos filhos.

É difícil ter vontade de fazer sexo como nos tempos de namoro.

É difícil manter a calma e não perder a paciência.

Ser o tempo todo feliz, como diziam que seríamos? É impossível.

Ter um ser humano que depende da gente é o que há de mais complexo na vida.

É bom? Claro. É difícil também!

Difícil porque se não tomarmos cuidado a gente se anula.

Difícil porque quando a gente passa a se olhar, se culpa.

Difícil porque é humanamente impossível equilibrar tudo.

Achar o equilíbrio entre os chinelos e os saltos? Impossível! Entre o coque e os cabelos escovados, difícil! Entre a cara lavada e a maquiagem, então? Entre o sexo no fim do dia e uma horinha a mais de sono, nem se fala. É difícil encontrar o equilíbrio entre estar presente e ter tempo pra gente.

Sempre vai pender mais para um lado.

Sempre.

E pode acreditar, está tudo bem! Pende para você, para mim, para a vizinha, para a princesa da Inglaterra. Pende para a sua prima que parece dar conta de tudo e para a blogueira que parece ter uma vida perfeita com os filhos.

Pende, simplesmente pende. É como uma lei da física.

Agora pense comigo: o que seria mais lógico? Se desesperar na busca pelo equilíbrio inalcançável ou se divertir com a sensação de ter sempre um lado mais pesado e o outro mais leve, como na gangorra?

Bora aproveitar o vento no rosto e o frio na barriga da eterna gangorra do auê e do amor?

Dias difíceis

Tem momentos duros. Complicados. Ficamos no meio de um furacão.

Hoje tive momentos assim. Minha paciência foi amiga, mas a falta de cooperação e a malcriação dos meus filhos esgotou-a por completo. Não deu chance. Nocaute.

Estou exausta. Derrotada. Estou fazendo tudo errado? É nesses momentos que eu penso na possibilidade de não ter sido mãe. Sim, eu penso sobre isso algumas vezes.

Acho que já temos intimidade para falar sobre esse tabu. Honestidade é a chave entre mim e você, não é isso?

Então vamos falar desses momentos de arrependimento.

Geralmente acontecem na madrugada de choro constante, no meio da falta de educação, ou quando você pedir algo para o seu filho pela milésima vez e ele continuar a dizer não.

Muitas mães me relatam sentir arrependimento e se culpam. Se acham megeras. Como se isso as fizesse menos mães. Como se fosse falta de amor.

A sociedade é mesmo terrível com as mulheres nesse lance da maternidade. Não nos permite que sejamos humanas. Não nos permite elaborarmos essa mudança brusca da nossa vida. Não nos permite viver a experiência por completo.

Colocam o arrependimento como ingratidão e não como parte do processo.

Toda escolha tem o seu pedaço de decepção, sua dose de frustração. Por que com a maternidade seria diferente? Ainda mais sendo a única escolha sem volta na vida de uma mulher.

Nesses momentos difíceis, penso sobre a liberdade que eu teria. Penso na leveza dos ombros sem a responsabilidade de criar dois seres humanos pesando neles. Penso em noites inteiras de sono e em viagens sem preocupação com as pequenas vidas que ficaram em casa esperando por mim.

Mas no fim da tarde vem uma força não sei de onde que me levanta para preparar o jantar. Um sorriso, um olhar, e o arrependimento é preenchido por uma porção grande de amor. Amor que sempre encontra um jeito maravilhoso de se sobressair. Crescer. Encobrir. Extrapolar. Florescer.

E tudo fica bem.

Vamos fugir?

Hora ou outra você sente vontade de sumir?

Você sente um cansaço que parece impossível de acabar, mesmo se você dormir trinta dias seguidos?

Você sente que chegou no seu limite durante o milésimo choro da madrugada?

Você sente uma vontade louca de ter mais privacidade?

Você sente que poderia ter se doado mais quando chega o fim do dia?

Você sente falta da sua liberdade?

Eu sinto tudo isso também.

A maternidade é muito desafiadora.

Já parou para pensar em como ter um pequeno ser que depende da gente é exaustivo física e emocionalmente?

Já parou para pensar em como a sua vida mudou? Em como é completamente normal e compreensível sentirmos falta de liberdade e privacidade?

Já parou para pensar o quanto temos sido fortes, como temos nos dedicado?

Já parou para pensar que é normal ter dias em que não vamos conseguir oferecer o nosso melhor?

A sociedade cobra, a família cobra. Saiba se parabenizar.

Você é a mãe que pode ser, é a pessoa em que o seu filho mais confia.

Ele te escolheu inteira, do jeitinho que você é! Com toda a sua fragilidade, com toda a sua verdade!

Escolheu o seu coração humano e real para chamar de lar.

Você já pensou em fugir? O que sente quando essa vontade chega? Culpa?

Não deixe que ela te invada. É completamente normal. Ser mãe demanda muito da gente.

Não seja mais uma a te cobrar. Aceitar todos os sentimentos faz tudo ser mais leve.

Tudo mesmo

CAMILA CONSTANTINO PERESSIN

Sabe o mantra sagrado da maternidade "tudo passa"? É real. Passa mesmo.

Só tem um pequeno problema nesse mantra. Não é só a parte difícil que passa, mas sim TU-DO.

O caos e a delícia de cada fase passam.

O mágico e o insano passam.

As madrugadas acordadas e o cheirinho de bebê passam.

A falta de tempo para você e o som do balbucio passam.

O cansaço e a boquinha com cheiro de leite passam.

A sensação de solidão e os pezinhos de bisnaguinha passam.

Tudo na mesma medida. Eles andam juntos.

Tem dias que eu peço pra algo passar rápido – como se adiantasse. Mas tem dias que eu imploro para algo se arrastar lentamente, como se fosse possível.

Por isso, permita-se viver cada momento.

Tudo se encaixa. Na medida que o tempo passa a gente aprende a lidar melhor com o caos na mesma medida que aproveitamos as delícias.

Dia a dia.

Madrugada a madrugada.

Choro a choro.

Gargalhada a gargalhada.

Fase a fase.

Passa rápido. Você desejando ou não, passa.

E isso quem nos ensina é o Senhor Tempo, que não perdoa e segue desde que o mundo é mundo passando diante dos nossos olhos todo poderoso. O Tempo que nos mostra que a vida jamais teria graça se vivêssemos só os bons momentos. O Tempo que a única coisa que não deixa passar e só faz crescer é o que realmente importa: o amor. Esse amor de mãe que cresce exponencialmente e que mais parece jorrar de dentro do nosso coração.

    Sábio Tempo, muito obrigada.

Fuja do ideal

A idealização da mãe é uma tremenda insensatez. Loucura.

"Santificar" alguém que é humano é abrir as portas para o "se esforçar, se esforçar e nunca chegar". Para o "e desdobrar em mil e nunca ser o suficiente". Para o literalmente "nadar, nadar e morrer na praia". É escancarar a porta da frente para a culpa e chamá-la para um cafezinho bem no meio da sua sala, no aconchego do seu lar.

Machuca, nos deixa incrivelmente sozinhas e isoladas por não querer transparecer a verdade. A romantização é tanta que a verdade nos fere. E quando damos conta, já nos tornamos prisioneiras. Escondemos. Sofremos.

Eu fui uma prisioneira dessas expectativas. Sofri não só na pele – sofri principalmente na alma e no coração. Sei o que é se sentir falhando. Sei o que é se sentir uma péssima mãe por não corresponder às expectativas do "padrão ideal", de não sentir como me diziam que eu iria me sentir.

Você vai ser mãe? Felicidade, vida plena, felizes para sempre. Estrelinhas piscam, coraçõezinhos pulsam, arco-íris e unicórnios em neon. Não é assim que o sociedade nos apresenta a maternidade?

E o que a gente encontra? Felicidade? Sim, claro, é M-A-R-A-V-I-L-H-O-S-O ser mãe. Mas no pacote também vem: puerpério, *baby blues*, cansaço, lágrimas, muita insegurança, falta de tempo, excesso de doação, noites em claro, o corpo que a gente não reconhece, o casamento apresentado a um lugar até então desconhecido e, para completar, um mar de desafios novinhos em folha nos dando as boas-vindas.

O que isso tudo tem a ver com perfeição? Nada!

Se libertar dessa "santificação" é possível. Falar o que grita dentro da gente acalma, cicatriza qualquer tipo de ferida, nos une.

Se sentir livre para falar também dos desafios e das dores é o único caminho para sermos leves e honestas com os nossos sentimentos.

É o que nos faz lembrar que somos humanas. De carne e osso. De amor e lágrimas.

Você busca pela perfeição?
Onde você se encontra nesse assunto?

Fique nua

Para ser mãe é necessário aprender a se despir. Das regras, dos padrões e das caixas. Da perfeição. Da expectativa.

E aí está algo extremamente difícil de se despir. Difícil porque todos esses padrões já estão enraizados antes mesmo de o nosso filho nascer. Não tem uma chave que você muda e a partir dali tudo flui. Nada disso. Emperra. Dá ruim. É aprendizado diário. É seguir, escorregar e recomeçar. É se culpar, e se abraçar.

É um trabalho de formiga, para os fortes. E atenção: É viver momentos de "We Are the Champions", quando você consegue curtir o caos, e momentos de "vamos fugir desse lugar", quando você se estressa porque as coisas, de alguma forma, saíram do "seu controle".

É saber limpar o que você não quer para o seu maternar, mesmo que você dê um passo para frente e três para trás. É não desistir e é entender que expectativa em cima de outro alguém frustra. É ter responsabilidade do seu papel.

Mesmo assim, acredite, o esforço é extremamente necessário.

É algo tão, mas tão difícil, que a gente só faz por filho. É riqueza, aprendizado. É exercício de autoconhecimento, daqueles que cutucam a alma, sabe?

Até que, enfim, você se vê mais tempo curtindo o caos do que querendo ter o controle da situação. É aí que você percebe que se livrar dos padrões, das expectativas e da busca cega pela perfeição é como se despir de uma roupa insuportavelmente apertada.

É libertador para nós.

E, principalmente, para eles.

Melhora?

"Fica mais fácil quando os filhos crescem um pouco?"

Acho que essa é a pergunta mais difícil que já me fizeram.

O que eu posso dizer é que quando olho para trás, acho tudo tão fácil. Muitas vezes, tenho vontade de criar um túnel secreto até lá. Até o lugar em que as minhas preocupações eram as cólicas, ou se meu bebê estava ganhando peso e quantas vezes ele ia acordar para mamar.

Tenho vontade de cochichar no meu ouvido: agarre tudo, viva intensamente tudo. As dores e as delícias.

E se você quer mesmo saber se fica mais fácil, a resposta é: não. Desculpa se eu frustrei você, mas calma. Leia até o fim.

Cada novo passo é um mundo inteiro para percorrermos. Cada ano que se completa é um oceano inteirinho de desafios.

"Mas então não melhora mesmo?"

Não, querida, não melhora, mas deixe-me te contar um segredo, o maior de todos.

Você melhora. E de uma maneira tão surpreendente que eu não consigo te explicar. Você amadurece. Você se descobre, se reinventa. Desdobra. Desabrocha.

Nas situações mais assustadoramente difíceis, você constrói pontes, túneis, atalhos perfeitos. Desbrava florestas, move montanhas, rompe barreiras mesmo com a sensação de estar frente a frente com uma encruzilhada.

E sabe por quê?

Porque é por eles, sempre.

Não tem como ser melhor.

Onde mora a sua luz?

Temos dificuldade de enxergar nossa luz, nossos pontos positivos. Nossas doces particularidades como mães.

O que a gente não esquece são os momentos de impaciência, a culpa. Fazemos o péssimo favor de nos lembrar o tempo todo das nossas falhas.

Faça o teste com você mesma e perceberá.

Ficamos completamente cegas para o que temos de bom. E isso não é justo! O que acontece com a gente? Por que é tão difícil enumerar os fatores que nos fazem boas mães?

É uma espécie de autossabotagem. É não conseguir valorizar as coisas lindas que fazemos.

Faz ser pesado, faz ser difícil. Nos afasta do Sol. Do nosso Sol, que mantém aquecidos os nossos filhos.

Por isso, te convido a praticar esse exercício.

Diga-me, o que te faz ser uma mãe incrível?

5

Uma nova você

Meus filhos, minha vida?

Definitivamente, não. Não me entenda mal. Eles são grande parte da minha vida, mas jamais minha vida inteira. Não tem como ser. E quando partirem? Como eu ficaria?

Amo meus meninos. Ser mãe sempre esteve nos meus planos, a experiência me completa, sim, sim, sim, mas não me define!

Sabe que eu já acreditei cegamente que eles seriam a minha vida? Me enganei redondamente. Sentia infelicidade de a minha identidade estar somente entre *bodys*, chupetas e mamadeiras. Sentia uma saudade inexplicável de quem estava atrás do colo, dos seios cheios de leite e dos cabelos sempre presos de qualquer jeito.

Que saudade da minha liberdade! Sim, sentia falta de ser livre para fazer o que desse na telha. Saudade de poder viajar, sabe? E para bem longe. De ficar deitada na minha cama assistindo TV. Saudade de conversar, de ver gente. Saudade.

Mas a realidade me chamava. E eu fui me afundando, mais e mais. Relutando com os meus pensamentos equivocados. Sofri. Foi difícil aceitar que a maternidade não me completava totalmente.

Minha identidade mudou, claro. Maternidade é transformação. Porém, ser mãe não podia ser minha única faceta.

Eu continuava gostando de passear sozinha pela praia, de andar descalça na grama, de viajar, de ter flores em casa. Eu continuava querendo dançar, fazer amigos, passar rímel, aprender coisas novas e até comer sanduíche. Eu estava ali.

Foi então que percebi. Preservar a minha identidade não é crime, é saudável. Necessário. Eu não era uma péssima mãe por sentir saudade de mim!

Aceitei. Comecei a ser uma mãe bem mais feliz quando a Thaís voltou à cena.

Desafoguei. Respirei.

Hoje em dia a minha vida é minha e a vida deles é o meu presente.

Repito todos os dias: Thaís, seja bem-vinda.

Falando nisso, o que você gostava de fazer e de ser antes de se tornar mãe?

_____
_____
_____
_____
_____
_____
_____
_____
_____
_____
_____
_____
_____
_____
_____
_____
_____
_____
_____
_____
_____
_____
_____
_____
_____
_____
_____
_____

Cole uma foto sua antes da maternidade, de preferência fazendo algo que você ama. Não esqueça, você pode continuar fazendo tudo o que ama. No seu tempo. É necessário e é saudável.

Dar conta de tudo?

DÉBORA ROMERO SCHULZ KONIG

No pacote da maternidade vem um minitornado que passa todos os dias pela nossa casa.

Tem dias que os cuidados pessoais se resumem em um coque e escovar os dentes. O tempo vai passando e os treinos, os estudos, a alimentação adequada, o descanso merecido ou o que quer que seja vai sendo adiado.

A mulher, esposa, filha, irmã, amiga que agora é mãe vai desaparecendo por detrás de um serzinho de olhinhos puros e sorriso banguela. E está tudo bem, é assim para todas. Vai ser assim por algum tempo. Para umas mais, para outras menos.

Depois que nos tornamos mães a maioria das coisas que planejamos não conseguimos fazer. Tem dias que parece que o minitornado vira um furacão.

Você tenta lavar a louça, mas o bebê chora. Você finalmente consegue arrumar as camas, mas já está na hora de preparar o almoço. E assim vai. O dia voa e a lista mental segue ali intacta, imponente. A sensação é de não dar conta, de sufocamento com tantos afazeres.

Mas o segredo para lidar com isso talvez esteja atrelado a uma única palavra: prioridade. Nessa listona o que é prioridade hoje? Esqueça o amanhã, pense no agora. Marque em vermelho.

E o resto? O resto nesse caso pode ser encaixado outro dia, sem stress, sem neura.

Só não esqueça de, hora ou outra, se colocar como prioridade. Aos poucos, em doses homeopáticas. É saudável e essencial.

E lembre-se: não fique nessa busca surreal de dar conta de tudo, senão você vai ser engolida pelo furacão.

Você tem um tempinho?

Já parou para pensar nisso? Tem dias que a gente corre demais atrás de filho, trabalho, casa e, quando vai ver, acabou o dia. Estudando com um, dando atenção ao outro, almoçando rapidamente para levá-los na escola, voando no banho, correndo pro trabalho. E, no meio desta correria toda, precisamos de um tempo nosso.

Sei que somos mães e precisamos cumprir com nosso papel. Isso é primordial! Também precisamos trabalhar, em casa ou fora, ou as duas coisas. Mas não dá para nunca termos tempo pra gente.

Pare e pense: quanto tempo do seu dia é realmente seu?

Quando os filhos são muito pequenos, é mais complicado ainda achar esse tempo. É o dia todo em função de dar de mamar, banho, trocar fraldas, arrumar a casa e tudo o mais. Não sobra nem tempo e nem vontade.

Mas eles crescem rápido e podemos contar com pessoas próximas. Encontrar tempo. Mas se não entendermos o verdadeiro papel do pai na divisão das responsabilidades e nem aceitarmos ajuda de outras pessoas, o tal do tempo só nosso nunca vai existir.

O caminho fácil é falar que você não tem como encontrar um tempo só para você. O caminho saudável, o que vai mudar sua vida, fica do outro lado. Acredite em mim!

Depois que percebi que precisava sair um pouco do universo paralelo da maternidade e encontrar um tempo para mim, as coisas mudaram. Hoje, consigo recarregar as energias e volto para casa feliz. Os meninos aproveitam e ficam mais com o pai, com os avós, e aprendem a viver sem a mãe por perto. Eles vão criando independência e autonomia.

Pronta para encontrar um tempo só para você?

Você tem feito algo por você? Escreva aqui. Se não tem feito nada, não escreva. Só complete quando você de fato encontrar um tempo pra você.

___

Momentos

LIVIA WACHOWIAK JUNQUEIRA

Tem dias que nada parece fazer sentido. É o cansaço junto com sentimentos acumulados que nos fazem chorar. O caos que faz parecer que nada na rotina vai dar certo ou engrenar. A carga que faz com que a lista de afazeres só aumente, sem nunca receber um risquinho de "DONE". Dias em que aquela ideia de cozinhar e trabalhar enquanto o bebê tirar uma soneca parece não fazer sentido nenhum, simplesmente porque o bebê não dorme e você provavelmente estava com a cabeça na lua quando inventou isso.

E a "culpa" de tudo isso não é de forma alguma do bebê, e sim das nossas malditas expectativas fantasiosas.

Daí passam-se alguns dias. E o bebê volta a dormir um pouco durante o dia. Você organiza uma atividade ou outra. As coisas vão entrando nos eixos. Você trabalha, cozinha e lava roupa com tranquilidade. Estende. Guarda. Arruma armário. Arruma a vida. E, então, tudo parece tão leve. Fácil. Simples.

Aí você tenta entender o motivo de a semana passada ter sido tão caótica e pesada.

Pode ser o salto de desenvolvimento do bebê, aquela chateação com a sua mãe, com o parceiro, não importa.

O que importa é tirar de aprendizado que talvez a maior sabedoria de maternar seja entender que há dias de caos, há dias de choro, há dias de alegria, há dias de paz.

Pensar assim coloca a expectativa fora do nosso radar, exatamente onde ela deve estar.

Como estão os dias por aí?

Estou em dívida com você, eu sei.

SARA BENAIA SOUZA

Confesso que não tenho tido tempo para te dar atenção.

Os banhos ficaram mais curtos, os cabelos lavados às pressas, as unhas raramente feitas.

A barriga? Mais flácida. O número do sutiã aumentado, sobrancelhas precisando de uma pinça, novas estrias e algumas celulites.

Você não é o mesmo eu sei, mas por isso mesmo quero te agradecer. Hoje te aprecio e te valorizo como nunca. Você me permitiu gerar uma vida. Fez um trabalho incrível. Me deu a oportunidade de viver a experiência mais linda do mundo de dentro pra fora, de fora para dentro. Experiência que vira a gente do avesso.

E olha, eu não estou de mal com você não. Na verdade, é só correria e falta de tempo com essa minha nova vida de mãe. Minha energia está direcionada para o bebê. Ainda estou engatinhando nessa minha nova função.

Mas olha, te prometo que aos poucos vou te olhar com mais cuidado. Tenha paciência comigo que logo logo a gente se encontra com mais tempo no reflexo do espelho. Te prometo.

Qual é a relação que você tem com o seu corpo, hoje?
   Vai lá encontrar com ele no espelho. Olhe com cuidado. Se abrace.

_____
_____
_____
_____
_____
_____
_____
_____
_____
_____
_____
_____
_____
_____
_____
_____
_____
_____
_____
_____
_____
_____
_____
_____
_____
_____
_____
_____
_____
_____
_____
_____
_____
_____
_____

E o sexo depois dos filhos?

Depende da mulher, depende do homem, depende do puerpério, depende do casal e depende também de em que pé que está o relacionamento.

Não tem regra, não pode ter pressão.

Tem que ter parceria, carinho e cuidado.

Pode ser que dê vontade de transar feito uma coelha antes da quarentena acabar, mas pode ser que você queira que a quarentena dure mais 276 dias.

Amamentar pode funcionar como uma bomba atômica e detonar a sua libido. Ou pode não fazer a menor diferença e você querer transar como se não houvesse amanhã.

O melhor é não se comparar com ninguém. Repito: NINGUÉM.

Respeite o seu corpo, seus sentimentos, seu tempo. Seja honesta e abra o coração para o seu parceiro. Essa é a melhor saída.

Acredito que muitos homens não sabem, mas o que vai despertar a parceira para o sexo é ela perceber que pode contar com ele. É ela sentir que ele faz parte. Ver a conexão do parceiro com o bebê? É afrodisíaco. Melhor do que brinquedinho novo de sex shop, pode apostar.

O cara que é sensível ao que acontece, que segura as pontas, e que não fica cobrando? Ganha mil pontos. Se tiver aquele jeitinho de seduzir e fizer uma comidinha gostosa ou trazer um chocolate que ela gosta, então! Minha amiga, isso tem o poder de aumentar a libido mais do que pomada de testosterona!

E se o parceiro anda merecendo e você está aí sem saber se vai ou racha, dê uma chance ao amor, ao prazer.

O desejo vem vindo aos poucos. Deixa chegar. O sexo com certeza vai gerar mais cumplicidade e força para vocês cuidarem do bebê.

Você sabia que a mulher precisa se recompor não só fisicamente, mas também emocionalmente, depois de um parto, para se relacionar sexualmente? Você sabia que amamentar pode diminuir a libido?

Você sabia que é supercomum que o desejo evapore, mesmo sem amamentar? Você sabia que sexo não se resume a penetração?

Respeite o seu tempo. Mas, quando conseguir, se dedique. Recomece. Sexo é fundamental para o relacionamento. Onde você se encontra nesse processo?

Mãe-elástica, mudanças e sapatos velhos

Mudar de opinião é nobre. Não significa errar, muito pelo contrário. Em um mundo cheio de caixas e radicalismos extremos, precisamos valorizar a capacidade de mudar. Até porque mudar não é fácil. Nosso cérebro entende a mudança como algo errado, já que, para mudar, ele precisa trabalhar. Mas chega a maternidade e não tem jeito: as mudanças estão por todos os lados. Somos obrigadas a exercitar o famoso jogo de cintura todos os dias. De cintura, de braços, pernas, corpo inteiro. A gente estica, encolhe e se adapta. Muitas vezes, eu me sinto em um grande teste.

Flexibilidade de ginasta é fundamental.

Por isso pergunto: como você lida com suas ideias fixas? Aliás, como anda sua capacidade de improvisar? Na maternidade, mudamos pelos filhos e para os filhos, mas essa transformação toda se reverte positivamente pra gente. Ficamos mais maleáveis. Vamos nos tornando mulheres mais desenroladas para a vida. É como um sapato que, quando novo, era duro e machucava o pé. Com o tempo, ele vai ficando confortável e delicioso. Velho, e maravilhoso.

Não conseguiu parto normal de maneira alguma? Cesárea com felicidade. Você tinha em mente que seu filho nunca dormiria na sua cama, mas às vezes ele acorda e chora tanto que você já não sabe mais o que fazer? Traz para a cama. Não conseguiu amamentar de forma alguma? Leite na mamadeira regado a muito amor. Não tem lencinho? Limpa o nariz sujo na sua mão, disfarce e sorria. Pensou que nunca daria doce, mas ele provou sorvete e amou? Pensou que quando fosse mãe iria continuar trabalhando em tempo integral, ou o contrário?

Pense em outras possibilidades, sem grilos.

Se a chupeta caiu no chão e só tem água a muitos metros de distância, dá uma limpadinha na parte interna da sua blusa e sorria. Aceite o que você sente e procure soluções, sem culpa. Aceite a flexibilidade como um dos grandes presentes que nossos filhos trazem pra gente. Não pense duas vezes: aceite as mudanças.

Simplifique, facilite sua vida.

Seja o sapato velho.

Você tem conseguido ser flexível?

Noite

DANIELLE LIMA

Quando a noite chega e o silêncio lá fora reina, meu eu mãe e meu eu mulher se encontram, se reconhecem e se cumprimentam.

É agora que preciso decidir entre vestir uma camisola sexy, ou uma camisa velha e confortável.

É nessa hora que eu penso em tomar um banho demorado, relaxar e me cuidar, mas é também quando eu gostaria de arrumar a bagunça da sala.

É nessa hora que eu quero ver TV e comer tranquilamente, mas penso que é melhor usar esse tempo para comer algo rápido e dormir.

E no meio de tantas dúvidas, adivinha?

O bebê acorda.

No celular uma conhecida pergunta como vai a vida e não tenho nem vontade de responder, porque mesmo fazendo tantas coisas, há uma sensação de que não estou fazendo nada. "Como vai?". Pareço não estar indo a lugar algum.

É nessa hora que o plano de carreira se mistura com o cardápio da semana ou a lista de frutas e legumes.

É nessa hora que a minha mãe quer conversar comigo, mas entende que agora está "um pouco complicado". É agora que eu quero o colo aconchegante dela, mas não tem como.

É no fim do dia que meu eu mulher percebe como é incrível o meu eu mãe. É no fim do dia que eu me dou conta de que não estou indo a "lugar algum", muito pelo contrário. Estou indo no caminho certo para o destino certo. Estou abraçando a maternidade e todas as suas responsabilidades de peito aberto. Estou sendo mãe.

Vá!

Se o seu bebê está em segurança, sendo cuidado por alguém de confiança e você tem vontade ou precisa sair, vá!

Como?

A pé, correndo, de carro, de ônibus, de avião, de metrô, de navio, de trem, de bicicleta, de Uber (principalmente se for beber), não importa. Vá.

Por um dia, por uma noite, por um fim de semana e até por uns dias – por que não?

Você pode pular de paraquedas, tomar um vinho enquanto janta com amigas, voltar a trabalhar, aprender algo novo, se exercitar, sair para namorar, ir ao salão, fazer uma viagem, ler um livro, sair para dançar, dar uma volta pelo bairro ou simplesmente tomar um cafezinho na padaria da esquina.

Esse tabu de que "mãe que é mãe não pode sair nem um segundo do lado do bebê" massacra a mulher que quer ou que precisa sair de casa.

Se você não tem nem vontade nem necessidade, ótimo. Se você tem, isso não te faz menos mãe do que as que estão em casa o tempo todo. Acredite, não é crime, muito pelo contrário: é saudável e pode ser questão de sobrevivência.

O mundo tem a péssima mania de achar que quando a mulher vira mãe se transforma em um ser acima do bem e do mal, 24 horas de amor e doação. Não, não, não. Somos humanas. Reais. De carne e osso e lágrimas, não esqueça.

Desde que você queira ou precise, desde que a vontade venha do seu coração e não da imposição de outras pessoas, você pode sim sair por algum tempo da órbita da maternidade. E sem culpa alguma.

Mas e se te chamarem de louca? Dane-se.

Mãe descuidada? Mande passear.

Fora da casinha? Dê risada.

Mãe ausente? Pergunte se a pessoa paga as suas contas.

Você se torna mais incrível ainda quando aceita a mãe que pode ser. Quando abraça suas vontades e necessidades. Para você ser uma boa mãe, a maternidade não precisa ser o seu único foco.

Por isso, quando a vontade chegar, quando a necessidade bater, voe menina, voe!

A vida é uma só.

Você tem vontade de ir? Se não foi, o que te prende? O que você pode fazer para se libertar?

Dói

Ter filhos também dói. Dói ainda mais para quem se entrega de verdade a essa função. Dói porque as nossas falhas escancaram. Eles nos deixam nuas. Colocam para fora, na marra, a nossa essência. Ter filhos treina a nossa insuportável falta de paciência, a pressa insana e a estupidez de não saber viver o dia de hoje. Ter filhos é a melhor coisa que existe contra o ego exacerbado e o egoísmo. Dói pra caramba. Mas aos poucos a dor vai se transformando em mudança. Ter filhos é uma terapia a longo prazo, mas é tão, tão, tão incrível! Dói, mas revoluciona.

DESAFIO

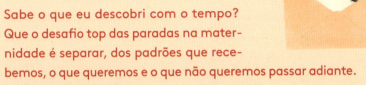

Sabe o que eu descobri com o tempo? Que o desafio top das paradas na maternidade é separar, dos padrões que recebemos, o que queremos e o que não queremos passar adiante.

Separar é moleza.

Se você parar para pensar, tem guardado na memória, em um lugar de fácil acesso e na ponta da língua, tudo o que gostava e o que não gostava na maneira que seus pais te criaram.

O difícil mesmo é seguir trabalhando dia a dia para não continuar repetindo o que supostamente separamos, jogamos no lixo e não queremos fazer com os nossos filhos. Não custa fazer um lembrete, topa?

Escreva, a seguir, uma lista com os padrões que for lembrando. Quais deles você quer manter e quais deles você quer deixar para trás?

_____
_____
_____
_____
_____
_____
_____
_____
_____
_____
_____
_____
_____
_____

Esta lista é um lembrete, não um altar para a sua culpa.

É muito fácil e prazeroso repetir a parte boa. Mas o grande problema é que, infelizmente, também é fácil repetir a parte que não nos agrada.

    Sabe por quê? Mudar padrão exige muito da gente. Precisa de doses diárias de exercício, persistência, foco, disciplina. Consciência presente. Hoje, amanhã e depois. É difícil porque se cairmos na armadilha de trocar autorresponsabilidade por culpa vamos nos vitimizar e desistir. Difícil porque se a gente se coloca atrás do medo e se esconde da coragem, não conseguiremos dar nem mesmo um passo.

    E olha, não importa o número de passos que você dará no dia, na semana, no mês ou no ano para a mudança acontecer. O que importa é que sejam passos bem dados, em direção à sua verdade.

    Por isso, passe a limpo os hábitos que você deseja deixar para trás e escreva, ao lado, em que eles contrariam a sua verdade. Assim, vai ficar mais fácil lembrar do porquê você tomou essa decisão.

    Hábitos que vou deixar para trás / Por que eles contrariam minha verdade?

_____
_____
_____
_____
_____
_____
_____
_____
_____
_____
_____
_____
_____

Não abandone o seu foco. Mesmo se em um dia ou outro você não conseguir dar um passo adiante. Ou até se der alguns passos para trás. Continue, seja persistente. É difícil, eu sei, mas é a única direção que liberta, que faz você aprender a se abraçar, a se dar colo e, ao mesmo tempo, a ser uma mãe extremamente forte e responsável pelo trabalho que Deus te confiou.

Mães são o caminho em direção à mudança que o mundo precisa.

Por isso, vá sempre de peito aberto. Sempre se guiando pelo Sol.

Sem diferença

Deixou o trabalho para cuidar do filho.

Voltou a trabalhar assim que a licença acabou.

Tanto faz.

Achou que ia ser mãe em "tempo integral", mas preferiu voltar a trabalhar.

Achou que ia continuar com o mesmo ritmo de trabalho assim que a licença acabasse, mas largou o trabalho porque não conseguia ficar longe do bebê.

Tanto faz. Tanto faz.

Isso não nos difere como mães.

O caminho definitivamente não importa! Você pode pegar a rodovia, a estradinha que passa pelo meio da floresta, ou escolher a estrada cheia de curvas da qual dá para avistar o mar.

Tanto faz. Tanto faz

Eu sei, a cada escolha que fazemos estamos abrindo mão de algo. Mas não dá para abraçar o mundo.

Queremos ensinar aos nossos filhos que escolher algo é também renunciar a alguma outra coisa, mas não conseguimos colocar em prática o nosso próprio discurso.

Se você escolher trabalhar, ou não puder escolher, você não está abrindo mão do seu filho. Por favor, não! Em hipótese alguma.

Você só está abrindo mão de estar com ele uma parte do dia. Isso sim.

E você que escolheu ficar em casa, ou que gostaria de estar trabalhando mas não consegue ir, por conta do bebê ou por não encontrar emprego, você não está de forma alguma abrindo mão da sua profissão ou de, futuramente, fazer algo.

É temporário. Tudo nessa vida é temporário, até as renúncias.

Como assim?

Surpresa! Podemos mudar as nossas escolhas.

Lembro que eu exigia de mim uma colocação: trabalhar ou não. Como quem tem uma arma apontada na cabeça, como se algo fosse definitivo.

E eu garanto para vocês: não é.

Tudo pode mudar. Só depende de você.

A grande verdade é que esse papo de mãe que trabalha e mãe que não trabalha é uma tremenda bobagem. Divide a gente.

Existem mães que trabalham loucamente e que estão mais ligadas ao filho do que muitas mães que ficam em casa e vice-versa.

Percebe que tanto faz, que não é isso que importa?

O principal, o que vale de verdade, o que está no topo da lista é a CONEXÃO. É entregar o seu coração e todo o resto.

Estando longe ou perto. Trabalhando ou não.

Hora de voltar

Eu sei, você me disse. Parece o fim do mundo. Uma verdadeira bomba atômica no meio do seu coração. Por isso, nesse momento, eu só queria estar aí do seu lado.

Independente se você vai voltar ao trabalho porque precisa ou porque quer. Eu só queria poder segurar a sua mão quando você for trabalhar pela primeira vez, depois de ser mãe. Queria te acompanhar no trajeto de casa até o trabalho para poder te dizer algumas coisas. Escuta.

Seu filho nunca vai te esquecer por vocês terem que conviver menos. Ele nunca vai esquecer dos momentos que vocês passam juntos.

Eu sei que ele é muito pequeno, mas pode apostar, todo o seu cuidado e doação estão impressos e misturados no que ele já é. E isso é para sempre.

Tenho certeza de que você se organizou para deixá-lo com o melhor cuidado que você pode oferecer. Seja com o pai, os avós, na creche, em casa com uma funcionária ou com uma amiga.

Não deixe que bocas que falam palavras recheadas de julgamento interfiram na sua escolha, na sua necessidade. Filtre. Não se deixe pesar.

Trabalhar nunca te tornará "menos" mãe. Trabalhar jamais irá enfraquecer o vínculo que você tem com o seu filho.

É só olhar em volta. Você deve conhecer muitas mães que trabalham e que têm um relacionamento incrível com os filhos, não? Por que você não pode ser como elas?

O que importa é conexão. Existem mães que estão do lado do filho o tempo todo e que não estão conectadas. O filho sente a conexão mesmo que a mãe esteja a milhas de distância. Mágica? Não. Coisa de Deus. Que faz com que o cordão não se rompa no momento do parto.

Cordão invisível que continua alimentando o filho, mas agora só emocionalmente. Cordão que passa segurança, amor e calor.

Por isso, confie. Vá e não esqueça, o fim do expediente logo chega. Seu filho sempre estará te esperando para ganhar seus beijos e poder sentir seu cheiro. Quando essa hora chegar, você entenderá que não foi o fim do mundo. Está tudo no lugar.

Agora, com o coração mais tranquilo e com um abraço apertado, eu te desejo um bom retorno ao trabalho.

Falta

LARISSA LIMÍRIO

Sinto diariamente uma saudade danada do meu trabalho.

Me peguei pensando em quão difícil é equilibrar maternidade e profissão.

Sonhei com a maternidade, sempre quis ser mãe. Me planejei para poder me dedicar o máximo de tempo possível à primeira infância da minha filha.

Mas acontece que minha profissão também foi sonho um dia. E foi conquistada com muita dedicação e suor.

Profissão e Maternidade. Sonhos diferentes, claro, mas para mim ambos sonhos.

Amo ser mãe, mas também adoro a minha profissão. São dois pedaços de extrema importância na minha vida, dois sonhos que me movem, me impulsionam a caminhar, a melhorar. Sonhos realizados que fazem meu sangue ferver, meu coração pulsar mais feliz e cheio de vida.

Não me sentiria completa sem um deles.

Foi preciso eu ser mãe para entender que eu não preciso escolher entre uma coisa ou outra. Foi trilhando o meu caminho como mãe que eu fui ganhando segurança e me fortalecendo nas minhas escolhas e renúncias, sabendo a hora para o meu retorno ao trabalho.

E sabe quem me ajuda a perceber tudo isso?

Minha filha que mostra que sou a pessoa mais importante do mundo, ela que abre um enorme sorriso só de me ver.

Sigo aprendendo a não me sentir culpada por não passar o tempo todo com a minha filha.

Sigo amamentando e me alimentando diariamente de amor e doação.

Sigo compreendendo que cada escolha toca diferente o coração de cada mãe.

Sigo respeitando e vendo beleza em escolhas que não são como as minhas.

Esse é o exercício, esse é o caminho.

Vai voltar a trabalhar? Resolveu ficar em casa? Como você tem se sentido sobre esse assunto?

Acidentes acontecem

A gente se cobra, acha que nunca faz o suficiente. Achamos que podemos dar sempre mais, fazer sempre melhor. Ajustar aqui, se controlar ali, aprender mais acolá. Nos questionamos sobre o nosso maternar, nos culpamos por hora ou outra perder a paciência. Nós nos perguntamos o tempo todo se damos amor o suficiente e se um dia eles lembrarão do que vivemos com eles hoje. Não é assim?

Mas e eles? O que será que eles guardam no coração? O que será que aqueles olhinhos pequeninos e aqueles ouvidos sempre atentos registram na mente?

Já parou para pensar nisso?

Essa noite tive um sonho. Sonhei comigo ainda menina, com uns oito talvez, vestida com um pijama de flanela que a minha mãe fez pra mim e que eu amava. Sonhei com nós duas deitadas no sofá no fim do dia, tinha cafuné e eu te amo. Que *flashback* bom. Que sensação deliciosa de ser amada e cuidada.

Com certeza minha mãe já deve ter se sentido mal diversas vezes, assim como eu me sinto hoje quando saio do controle. Mas olha o que a minha memória de filha não me deixou esquecer! Olha a preciosidade que ela tem registrada há anos sem eu nem saber.

É o amor de mãe que sempre supera, extrapola, encharca a nossa alma.

Por isso, se concentre nos cafunés no fim do dia, nas comidas quentinhas que você faz, nos colinhos cheios de carinho, nos beijos de bico e nos de esquimó. Se fortaleça nos apelidos carinhosos, nas canções de ninar, no olho no olho, no tempo à toa agarrados no sofá, nas histórias que você conta, na bagunça da cama, nas gargalhadas sobre coisas bobas, nos abraços apertados quando ele estiver triste, nas palavras doces que só você sabe dizer, no cuidado, no aconchego, no toque... e nos pijamas de flanela.

Acredite, o seu amor é o combustível, o resto? É acidente bobo de percurso.

Autocuidado

Ter filhos, de uma forma ou de outra, em algum momento, em alguma época, em alguma fase, faz a gente se esquecer.

Na verdade, se permitirmos, será assim sempre, já que a doação que um filho demanda é imensa em todas as fases. Por isso não podemos bobear, ou acabamos afogadas.

Não fique com a impressão que eu estou falando de algo superficial e supérfluo. Hora de limpar os preconceitos. Estou falando de autocuidado.

O que te faz se sentir bonita?

"Bonita?"

Sim, bonita. Por que não?

Olhe para você com amor. Olhe no fundo dos seus olhos, redobre o amor, puxe da memória.

Um banho demorado e se besuntar de creme?

Arrumar o cabelo?

Será um rímel?

Um batom?

As unhas feitas?

Estar perfumada?

Um blush nas bochechas?

Um delineador?

O corte de cabelo?

Eu sei, pode ser que você esteja insatisfeita com o seu corpo, tentando voltar ao seu peso e acaba desanimando com tudo. Mas escuta, você vai mesmo precisar estar com o peso "ideal" para voltar a se olhar? Por favor, não faça isso consigo mesma.

Não é possível que não tenha nada que você goste quando se vê refletida no espelho.

Todas nós nos sentimos "poderosas" com algo. Sempre tem alguma coisa. Um detalhe, um jeito. E muitas vezes é simples, nós que caímos na armadilha da rotina e insistimos em seguir ignorando o que fará diferença para a nossa autoestima.

Para mim, é o rímel. Eu gosto dos meus olhos, gosto dos meus cílios. Parece bobo, né? Mas acredite, não é. É valioso.

É esse algo que aparenta ser tão pequeno, que fará você se reconectar com todo o resto. Ele faz a ligação, entende? É o fio da meada. Te leva de volta.

O olhar cuidadoso para o reflexo no espelho e um simples rímel nos cílios, ou o que quer que seja, pode virar a motivação para um exercício físico ou para a compra de lingeries que passem longe dos tons de bege.

Não espere um empurrãozinho de ninguém. Ninguém pode te ajudar com isso.

Dessa vez, o comprometimento é de você com você mesma.

Encontre o *seu* rímel.

Do que você mais gosta em você? O que faz você se sentir bonita?

6

Eles

Filhos

Você pode fazer mestrado, doutorado e até pós-doc. Dar a volta ao mundo, conhecer os 7 mares, ir para a Lua e até para Marte. Você pode ser incrivelmente bem sucedida e falar todas as línguas, inclusive a dos anjos. Pode ter amigos incríveis e pais magníficos. Pode saltar de asa-delta e nadar com golfinhos. Sim, você pode até ter o apartamento dos sonhos e a tão sonhada casa na praia, pé na areia. Pode ter o carro mais luxuoso do planeta e conhecer as melhores pessoas do mundo.

Mas a experiência de ter alguém para chamar de filho, de se doar e poder deixar de herança para o planeta um ser humano bacana, é uma das coisas mais comuns desde que o mundo é mundo e é também a mais incrivelmente transformadora.

É, ainda não inventaram nada mais extraordinário do que ter filhos.

Porto

Mãe é porto, o mais seguro de todos, mesmo quando se sente um barquinho bem no meio do oceano.

É luz, mesmo se sentindo o breu mais escuro do mundo.

Mãe é coragem mesmo quando o medo domina cada pedacinho de seu corpo.

É a gargalhada quando tudo parece triste. É solução quando ninguém consegue encontrar uma saída.

É a mão estendida, mesmo quando as forças parecem não mais existir.

Mãe é o soltar das mãos e dizer:

– Filho, vai!

Mesmo que ache que ainda não esteja preparada para deixá-lo ir. Ser mãe é entregar os filhos para o mundo e continuar sendo o maior porto seguro.

PARA O MATHEUS

Trevo

Você foi o sonho idealizado desde menina. Foi a minha barriga crescendo.

Você foi o choro na sala de parto que me tirou de órbita, que ampliou meus horizontes.

Você foi a realidade com neblina pesada, blues, choro, insegurança e medo do tamanho da responsabilidade.

Você foi o encontro com a minha maior escuridão e com a minha maior luz.

Você foi raio de Sol chegando de mansinho com cada sorriso, com seu cheirinho, com sua boquinha banguela e com a tranquilidade que você só sentia no meu colo.

Você é o ponteiro do relógio que não anda nos dias difíceis e os anos que mais parecem ter evaporado quando vejo seu tamanho.

Você é mar tranquilo e furacão categoria cinco.

Você é desafio, muitas vezes culpa e também é a minha paz.

Você é o desconhecido que está por vir e, ao mesmo tempo, o único ser humano que eu conheço de frente para trás, de trás para frente e interiormente.

Você é o motivo da transformação, você é o encontro com a minha essência.

Você é meu trevo.

PARA O THOMÁS

Sonho

Ah, meu filho, como eu queria voltar no tempo para apertar suas bochechas, pegar nas suas mãozinhas gorduchas, fazer cafuné no seu cabelinho de cuíca e sentir o cheiro do seu minicangote.

Mas a vida é veloz, o tempo não perdoa e você cresce como se não houvesse amanhã.

Ah, meu filho, como eu queria te empurrar mais uma vez no balanço do parquinho, observar mais atentamente cada detalhe dos seus primeiros passos e das primeiras palavras. Só Deus sabe como eu queria escutar mais uma vez o som da sua primeira gargalhada.

A verdade é que eu queria poder lembrar de tudo, mas as memórias com o tempo acabam escapando da gente. E preciso confessar que isso, de certa forma, me aperta o peito. Dá uma angústia.

E a vida? A vida é veloz, o tempo não perdoa e você segue crescendo como se não houvesse amanhã.

Mas outro dia, enquanto assistíamos a vídeos antigos, você me disse:

– Eu lembro, mamãe, eu lembro do amor.

E eu? Me senti uma tola completa. Angustiada com os detalhes!

Do que virou passado, só o que importa é o amor.

Obrigada pela lição.

Agora é a sua vez de escrever uma declaração de amor para o seu filho. Entregue seu coração. No futuro, será um retrato do seu amor. Que é só o que importa.

Os outros

A maternidade é algo maluco!

TAMILIS F DE ARAÚJO MEDINA COSTA

É remar. É recomeçar. É não entender. É se contradizer todo minuto.

A gente se sente completa e realizada, mas ao mesmo tempo se sente sozinha.

Pode até parecer estranho, mas é a pura verdade. Se doar integralmente é prazeroso, mas ao mesmo tempo exaustivo.

Sinto falta de dormir a noite toda, de tomar banhos demorados, de sair pra encontrar amigas e de tomar um chope sem hora pra voltar. Na verdade, sem hora para dar de mamar.

Tudo vira de ponta-cabeça. Uma nova vida se inicia sem o eu. Com o nós. Mas o nós não pode se resumir somente a mãe e o bebê.

As pessoas não sabem, mas mães precisam de carinho, aconchego, colo. Todos esquecem que quem cuida de um bebê precisa ser cuidada também.

Pais precisam arregaçar as mangas e pegar sua parte pra si. Mães precisam deixar os pais entrarem e fazerem do jeito deles. Abrir espaço e não tomar para si toda a responsabilidade. Aliviar a carga.

Familiares e amigos não só podem como devem oferecer a ajuda.

Cuidar de uma criança e educá-la sempre foi um trabalho de muitas mãos. Por que hoje seria diferente?

Por isso, se você convive com uma mãe e seu bebê, olhe para ela. Pode até ser que ela não diga, mas com certeza está precisando de alguma coisa.

Mas o que eu faço?

Tome a frente. Lave a louça, passe na padaria. Faça uma refeição quentinha ou fique com o bebê para ela tomar um banho.
Tenho certeza que ela nunca vai esquecer.

Direito de pai

Pai não é ajudante da mãe. Pai tem seu próprio papel. Ponto.

Lembro-me de quando a minha mãe ia dar aula à noite. Meu pai fazia ovo frito com linguiça e tomate picadinho para mim. Lembro-me de ele entrar no chuveiro comigo, dar banho, pentear meus cabelos. Lembro-me dos nossos momentos no sofá, assistindo televisão. Algo que era só nosso. Era tão bom!

Fico pensando: nós, mães, conseguimos abrir mão? Conseguimos dar a liberdade que eles precisam para serem pais ativos?

Conhece essa cena? "Estou saindo, já separei a roupa que eles vão vestir, a comida está na geladeira e os ingressos do filme já estão comprados". O que fica para eles? Não queremos que eles ajudem, queremos que participem, mas exigir que cuidem dos filhos à nossa maneira não é limitar o espaço deles ao espaço de ajuda? A gente se contradiz e nem percebe.

É natural: carregamos um modelo patriarcal. No que diz respeito à paternidade, os homens perderam muito, pois foram ensinados a serem duros, pouco emotivos e a conviverem pouco com os filhos. É um direito deles que só agora estão começando a ter liberdade de exercer. Chega. Precisamos vasculhar nossas referências de paternidade e escolher o que manter e o que descartar. Pai que é pai, divide. Por que não juntar forças? Partilhar? A liberdade deles é a nossa liberdade também.

As roupas que eles escolhem não são as mesmas que escolheríamos, é verdade. O jeito de acudir o choro é diferente do nosso, assim como a refeição que vão preparar. Mas é essa é a graça. Todos sobrevivem, e muito mais felizes. É assim que se cria vínculo: com o pai sendo ele mesmo e encontrando seu próprio caminho. Com a mãe sendo ela mesma, sem se importar com as expectativas.

Os dois fora da caixa.

Ame várias mulheres

BETO LIMA

Amar uma única mulher na vida? Não existe. A vida é muito longa para isso. Estamos de passagem por aqui e temos que nos dar a oportunidade de experimentar diferentes formas, diferentes jeitos, diferentes toques, diferentes cheiros.

Prender-se a um único tipo pode ser um erro fatal. Estar aberto ao novo é fundamental.

Não. Não estou ficando louco. Estou falando das muitas mulheres que existem em uma e das várias formas com que elas se manifestam ao longo do tempo. Um homem que acha que sempre terá a mesma mulher ao seu lado por toda vida tem grandes chances de se frustrar. E de causar sofrimento não só para si próprio como para a mulher também.

A mulher pela qual você se apaixonou não é mais aquela que está do seu lado agora. Portanto, é bom que se apaixone por esta nova mulher também. Se você fez dela a mãe de um filho seu, está aí mais um motivo.

Apaixone-se de novo agora por uma mulher muito mais sensível, que chora mais, que briga mais, que demanda mais. Apaixone-se de novo agora por uma mulher com novas medidas, mais farta, com mais marcas.

Aceite que esta nova mulher está passando por um dos momentos mais turbulentos da sua vida. E que, quando tudo passar, você terá que se adaptar de novo. E de novo. E de novo.

Só assim, se reinventando a cada dia e estando aberto às muitas mulheres da sua vida, você poderá chegar lá no final e ter a certeza da única coisa que não mudou: o investimento em uma relação duradoura, saudável e de longo prazo.

Solte

Imagine se toda vez que você fizesse algo pelo seu bebê alguém te olhasse com uma cara de assustado ou de desaprovação. Imagina a pressão. Imagina a insegurança.

É assim que muitas mães reagem quando o pai vai fazer algo.

"A fralda tá torta."

"O body não está combinado com a calça."

"Desse jeito ele não vai dormir nunca, você só está agitando o bebê."

"Cuidado para não afogar ele no banho."

"Segura ele direito."

Frases como essas sinalizam sabe o quê? Que achamos que só nós sabemos fazer, que só o nosso jeito é certo. E não. Por favor, não! Filho deve ser cuidado por mãe e pai. A mãe da forma dela e o pai da dele.

Claro que é bacana ter troca e conversa, mas não dá para querer que o pai do seu filho cuide da mesma maneira que você. Isso não seria cuidado e sim ajuda. E pelo que escuto falar por aí, nós mulheres não queremos ajuda e sim parceria e compartilhamento de responsabilidades, não é isso?

A praticidade dos homens, quando eles de fato querem participar, é incrível, pode acreditar. Ajuda a dar equilíbrio. Faz a gente sorrir mais.

Por isso o meu conselho é: solta. Quando ele for cuidar do bebê aproveite o tempo, menina. Vá ser feliz! Ao invés de ficar colocando defeito, construindo barreiras, faça algo por você.

Vá ver uma série, tomar um café na padaria, conversar com uma amiga. Ligue o seu Buda interior no automático, sei lá. Mas por favor, deixe o pai cuidar e se liberte dessa caixa que vive te dizendo que você deve fazer tudo.

A fralda vai vazar? Pode ser.

O bebê vai demorar mais para dormir? Provavelmente.

Ele vai colocar o body de bolinha com a calça de listrinha? Grandes chances.

Mas e daí?

O que importa é que ele vai cuidar do filho do jeito dele, vai aprender com os próprios erros e acertos, assim como acontece todos os dias com você.

A relação dele com o filho se fortalecerá a cada dia, o que é bom para todo mundo. E você? Terá muito mais admiração por ele, aposto.

É muita prepotência pensar que cuidamos melhor, não acha?

Afinal, fizemos junto com eles, lembra disso?

Vocês dividem as tarefas? Escreva sobre isso. Convide seu parceiro para ele também escrever o que pensa e sente sobre isso. Que tal um ler o do outro para vocês poderem conversar sobre esse assunto? Pode fazer toda a diferença!

_____
_____
_____
_____
_____
_____
_____
_____
_____
_____
_____
_____
_____
_____
_____
_____
_____
_____
_____
_____
_____
_____
_____
_____
_____

Para os avós recém-nascidos

Sei que vocês estão emocionados e radiantes nessa nova função. Acham o netinho a coisa mais linda do planeta. Estão morrendo de amores e não conseguem tirar os olhos dele.

Mas olhem com cuidado, olhem com atenção. Olhem quem está por trás do bebê limpinho e alimentado. Olhem quem tem perdido noites de sono. Olhem quem teve o corpo transformado. Olhem para quem já esteve no colo como filha.

Ela pode até querer se fazer de durona, mostrar que dá conta de tudo e que não precisa da ajuda de vocês. Eu sei, estive há pouco no lugar dela. Mas acredite, não é nada fácil. Tudo é novo e delicado. Ao mesmo tempo que é a coisa mais maravilhosa do mundo, dá medo.

Por isso feche os olhos, puxe da memória as emoções e os sentimentos de quando ela nasceu.

Faz tempo?

Não tem problema, se esforce. Devem existir muitas lembranças daquela época. Lembrem-se da insegurança e da sensação de terem arrancado a sua liberdade. Lembrem da fragilidade.

Seus pais não te ajudaram em nada? Mas olha que coisa boa, agora vocês têm chance de fazer diferente.

E lembrem-se, mesmo que vocês tenham passado por essa fase com tranquilidade, pode ser que não aconteça assim com ela. Cada um sente de forma diferente.

O principal: ser pai e mãe é completamente diferente de ser avô e avó.

Por isso, olhem para ela, lembrem-se da bebê que vocês carregaram no colo pela primeira vez, há muitos anos. Ela precisa de vocês. Talvez mais do que naquela época.

Cheguem com calma, com um abraço, com um cafuné. Sem regras. Sem certo ou errado. Cheguem limpos, abertos e armados somente de amor.

Não critiquem, validem as dores e as alegrias. Diga que vocês entendem. Façam um chá quente ou um bolo bem gostoso. Sejam sorriso e mão estendida.

Lá no fundo, ela conta muito com vocês.

Quem tem o papel de cuidar do bebê é ela. Mas quem cuida dela?

Eu sei, ela cresceu, mas como mãe acabou de nascer.

Você tem conseguido pedir ajuda?

Madrinha / Padrinho

Você não faz ideia do quanto é importante. Muito. Muito mais do que imagina.

Quando a mãe do seu afilhado te escolheu para madrinha / padrinho, ela também te confiou a coisa mais importante da vida dela.

Escolher alguém como madrinha do filho é também pensar que nós, mães, não somos eternas.

Sim. Ela pensou que, se um dia ela se for, é você que irá representar o lar, o conforto, o carinho. É com certeza um dos maiores presentes que alguém pode receber.

E por falar em presente, posso te garantir que para ela o que menos importa são os presentes que você vai dar para ele. O que o coração dela precisa é que você construa uma relação próxima, afetuosa e única com ele. A alegria dela mora em saber que ele gosta da sua companhia, que se sente seguro com a sua presença. E para isso é preciso de convívio, tempo, dedicação.

Se aproxime, faça parte da vida dele. Faça com que ela fique feliz com a escolha que fez. Faça com que ela se sinta confortada com o vínculo lindo e forte que vocês têm. Faça com que ela acredite que, se um dia ela se for, você estará por ela.

Acolha o convite, faça valer o seu papel.

Acredite em mim, ela te confiou o mundo.

Amizades depois da maternidade

Gostaria que alguém tivesse me avisado. Me falado que depois que nos tornamos mães algumas amizades vão embora. Em compensação, outras chegam.

No início, a sensação é de estar em uma estação de trem com amigas partindo. Isso tudo, somado ao puerpério, dói. Ah, como dói.

Dói não ter carinho e companhia de algumas das amigas em um momento tão frágil e delicado. A gente sofre, tem saudade de antes e pensa que bem que gostaria que tivesse sido diferente. Sente demais pela amizade ter mudado, distanciado.

Porém, quando começamos a frequentar o parquinho e os filhos a escola, temos a sensação de que voltamos à mesma estação. Dessa vez para receber amigas novas! E é maravilhoso.

Construir amizades com as mães, enquanto nossos filhos constroem com os filhos delas. É tão bonito de se ver. De sentir. De ver crescer.

A maternidade tem esse poder de nos aproximar de mulheres que, se não tivéssemos filhos, provavelmente não nos aproximaríamos. E vou te falar: é exatamente aí que habita a maior riqueza! Nos relacionarmos com quem não temos tantas afinidades. É sair da zona de conforto. É aprender com o diferente, é entender o verdadeiro significado da palavra sororidade.

Lá no início, a gente se magoa com as amigas antigas que se afastam da gente. Mas depois de viver a experiência, a gente amadurece e percebe que a vida é mesmo uma grande estação de trem.

Algumas partem, outras chegam. Tudo no seu tempo.

Abrir o coração para receber com amor as amigas que vêm chegando é tão importante quanto se despedir com gratidão do que viveu com as que quiseram partir. A maternidade cria pontes incríveis. Conexões surpreendentes e profundas entre mães. Fica tranquila, é Deus o responsável pelas chegadas e partidas da estação da sua vida. Ele sabe exatamente quem parte, quem chega – e quem fica.

Um conselho

Tem uma coisa preciosa que pouca gente fala ou aconselha. Bom, pelo menos não falaram para mim.

Algo mágico, importante e que aquece o coração tanto quanto o sorriso de filho. É uma coisa que salva dias de caos, que puxa a gente para cima, que nos abraça forte, que enxuga as nossas lágrimas e afasta a solidão.

Escute com atenção: durante a gravidez e o puerpério é muito importante você abrir o coração e se aproximar de mulheres que estão vivendo a mesma fase que você. Falo com conhecimento de causa.

Essa outra mãe, essa nova ou antiga amiga, será peça fundamental no quebra-cabeça da sua maternidade.

É com ela que vão acontecer as trocas mais verdadeiras, as gargalhadas mais gostosas e as confissões que você terá receio de compartilhar até consigo mesma. Você e ela terão um dialeto próprio e secreto. Sabe aqueles códigos para escrever na agenda, aqueles que só a melhor amiga sabia? Então!

E sabe por quê?

Só quem vive a mesma experiência que você na mesma época pode entender muitas das suas angústias, muitos dos seus medos e também das alegrias. Coisas que parecem bobas para o mundo, mas que para nós mães têm um valor enorme.

Invista em conhecer quem vive a mesma experiência que você. Pode ser na hidroginástica, no curso para gestantes, no parque, no seu prédio, na sala de espera do médico. Convide uma possível amiga para um café. Se rolar essa amizade, aposto que vocês vão se abraçar de uma maneira tão forte, tão bonita, que para o resto da vida, morando perto ou longe, vocês serão sempre família.

Quem são suas parceiras nessa jornada?

Batalhas

Cada mãe carrega uma batalha. E toda batalha tem seu mérito.

Tem a mãe que leva o filho especial para mil e uma atividades, estímulos e terapias. Tem a mãe que é babá e deixa o filho na creche para cuidar de outra criança. Tem a mãe com filho que tem doença grave e luta, com todas as forças, pela sua recuperação. Tem a mãe com filho petulante e que precisa dar limite o dia todo. Tem a mãe que tem filho com outra mãe e sofre preconceitos.

Tem a mãe que se separou e se esforça ao máximo para que os filhos passem por esse processo da maneira mais tranquila possível. Tem a mãe que o filho assumiu a homossexualidade, e tem que apoiá-lo para ele enfrentar os desafios que vêm pela frente. Tem a mãe que sai para trabalhar e, com o coração apertado, deixa o filho com a babá. Tem a mãe com filhos que brigam o dia todo e que precisa encontrar calma para lidar com a situação.

Tem a mãe que está com a mãe doente e precisa cuidar da mãe e dos filhos, e de si mesma.

Tem a mãe que o filho se afundou nas drogas e precisa encontrar forças e descobrir como agir. Tem a mãe solo, que batalha sozinha para educar e criar o filho. Tem a mãe que perdeu a mãe e sofre por não poder compartilhar as experiências da maternidade com quem ela mais gostaria. Tem a mãe que perdeu o filho e precisa encontrar forças para continuar vivendo.

Milhões de mães e milhões de batalhas. Eu tenho as minhas, você tem as suas.

Quando uma mãe te procurar pedindo ajuda com a batalha dela, não menospreze. Não julgue. Nenhuma batalha é menos importante do que a outra. Quando percebermos isso, vamos nos unir de uma maneira tão profunda que as batalhas vão parecer mais leves.

Precisamos umas das outras! No final das contas, talvez só uma mãe possa compreender o sentimento de outra.

Para quem julga

Ei, você que vê a atitude de uma mãe e logo a julga. Que a rotula disso ou daquilo. Você não faz a mais vaga ideia e nem que você passe 24 horas convivendo com uma mãe você conseguirá decifrar suas entrelinhas. Elas são profundas e particulares. Inacessíveis para leitura.

São redigidas somente para ela, como um diário, com canetas que têm o poder de fazer registros na alma. Feitas com uma tinta que nunca apaga.

Nas entrelinhas estão registrados os medos, o peso da responsabilidade e as aflições que só ela conhece. Lá está escrito o esforço que ela faz contra o cansaço, o ônus e o bônus das suas escolhas, tudo a que ela teve que renunciar para criar e educar. Cada minucioso detalhe para lidar com a personalidade e o comportamento do filho.

É só lá que estão redigidos os momentos íntimos. E te garanto que os momentos de intimidade são infinitamente maiores do que os recortes que você conhece da vida dela. A mão quente que acalma na hora do choro você não vê. A medida do abraço que cura você não sabe. O tom da voz, que aos ouvidos do filho mais parece canção de ninar, você nunca ouvirá.

A alegria de ler para o filho no fim do dia você nunca vai sentir. É intransferível.

Por isso, antes de qualquer olhar ou ação condenadora, pense 589 vezes. Não esqueça: pode ser que o seu olhar a pegue em um dia vulnerável e fique registrado ali com aquela caneta, lembra dela? A que nunca apaga.

Você prefere ser lembrado pelo apoio e não pela condenação, certo?

Rede de apoio

Rede de apoio é topo da lista.

Um espaço para falar é o que nós merecemos.

Nos conectarmos com outras mães ou com pessoas que nos apoiam é o que nos dá o maior conforto.

Lugar para expor nossas reais angústias, medos e questionamentos é o caminho.

Sentir que dói e cansa é saudável. Significa que estamos doando amor e tempo.

Agora, calar é uma bomba-relógio. Adoece, angustia, estressa.

Se a nossa voz abafar, como vamos fazer para cuidar, criar e educar?

Será que não é através da voz das mães que vamos encontrar respostas importantes para as mudanças de que o mundo precisa?

Afinal, a força de mudar o amanhã mora em nós.

Ser mãe transforma profundamente, mas esgota o corpo e a mente.

Por isso, sem ajudarmos umas às outras é difícil seguir.

Que tal estender a mão para uma mãe perto de você? Que tal oferecer ajuda?

Dilui a culpa, acalma o coração.

Quem faz parte da sua rede de apoio?
Que tal escrever um agradecimento para essas pessoas?

Empatia

Posso escolher ter um filho biológico e achar incrível a mãe que escolheu adotar, podendo ou não gerar.

Eu posso ter escolhido o parto normal e respeitar a mulher que optou pela cesárea.

Posso escolher regrar os horários e oferecer outras opções que não só o peito quando o meu bebê chorar, mas posso respeitar quem opta por dar o peito no primeiro sinal de desconforto.

Eu posso amamentar e admirar a mulher que tentou, não conseguiu, e hoje oferece fórmula na mamadeira.

Posso ter oferecido chupeta e entender os motivos que fizeram outra mãe não oferecer.

Posso ter escolhido ficar em casa e admirar a mãe que trabalha 12 horas por dia.

Posso escolher fazer os aniversários dos meus filhos em casa com um bolinho simples e compreender a mãe que todo ano faz uma festa de arromba!

Eu posso optar por colocar meu filho na escola com 5 anos, mas entender a escolha da mãe que colocou o bebê com 6 meses.

Sim, eu posso, você pode. Nós podemos.

Deus nos deu esse presente lindo. A capacidade de conseguirmos nos colocar no lugar do outro. Por que ignorar esse presente tão precioso?

Colocar-se no lugar do outro é um exercício maravilhoso que faz a gente se unir de uma maneira tão profunda que ninguém mais consegue afastar. É prática diária. Pensar além do que escolhemos para nós, do que achamos ser certo. Emprestar a vida da outra por alguns minutos que seja e tentar absorver o que essa mãe sente e vive.

Os laços fortalecem, o afeto também. Encontramos e somos conforto. Cria respeito e amor.

Eu prometo que vou me colocar no seu lugar.

Você consegue fazer o mesmo por mim?

8

Nunca mais?

Será que eu nunca mais vou dormir uma noite inteira?

Será que eu nunca mais vou comer uma refeição com tranquilidade?

Será que eu nunca mais vou conseguir um dia à toa?

Será que eu nunca mais vou curtir uma noite com amigos ou tomar um café com as minhas amigas?

Será que eu nunca mais vou poder cuidar de mim?

Ah, como eu já me fiz essas perguntas, como eu entendo o que você está sentindo nesse início da maternidade.

Parece que não passa, né? Parece que demora, parece que vai durar 9 vidas inteirinhas.

Mas sem perceber os primeiros meses passam, o blues vai embora, o bebê já não é mais um recém-nascido e a vida nova vai entrando nos trilhos.

Parece que demora, mas sem você nem perceber o bebê cria dobrinhas deliciosas, dá gargalhada, começa a falar "mamã" e dá os primeiros passinhos. Você já domina melhor a dinâmica e consegue fazer refeições com mais tranquilidade.

Parece que nunca vai ter fim, mas sem você nem perceber, um belo dia seu bebê não vai mais te solicitar durante a madrugada com tanta frequência e você poderá dormir por mais tempo.

Parece que demora, mas sem mais nem menos ele não quer mais saber do peito ou da mamadeira e você consegue voltar os olhos para si e se olhar com cuidado.

Parece que demora, mas sem você nem perceber as bochechas desaparecem, as pernas esticam e ele começa a frequentar a escolinha.

Parece que demora, mas sem você nem perceber ele tem vergonha dos seus beijos na escola, fala gírias, se apaixona por uma garota e tem a voz bem mais grossa.

Sem você nem perceber eles crescem, se formam no colégio, entram na faculdade e vão embora. Sem você nem perceber o caminho vai sendo construído com a naturalidade da vida, e mesmo assim, mesmo vendo o tempo atropelar, insistimos em sofrer de não ter o que tínhamos antes (passado), desejando voltar a ter o mais rápido possível (futuro), esquecendo do nosso maior presente.

Não é completamente incoerente?

Orgulho

Tenho muito orgulho da mãe que eu sou, do quanto caminhei para chegar até aqui!

Tropeços? Muitos.

Pedras no caminho? Milhares!

Sensação de estar de frente para uma encruzilhada? A toda hora.

Mas eu sigo caminhando seja com a sensação de que sou uma mãe incrível e mereço ser aclamada por toda uma nação, seja com a impressão de que Deus certamente falhou ao me mandar dois seres para criar.

Percebi que sou real, de carne e osso. A partir daí comecei a aceitar a mãe que eu consigo ser, o que eu tenho para oferecer.

Admiro a coragem que eu tive para enfrentar os sentimentos contraditórios do puerpério, que foram embalados junto com os meus bebês ao som de choro e gargalhadas.

Tenho orgulho da minha força de dar de cara com as madrugadas solitárias para alimentar e cuidar dos meus filhos, mesmo que eu estivesse doente e totalmente sem energia. Orgulho também da aceitar os momentos que eu não estava mais aguentando e pedir ajuda.

Orgulho da minha doação incansável e afeto sem fim para passar pelas noites de febre alta segurando as mãozinhas dos meus meninos e medindo a temperatura mil vezes. Orgulho também de aceitar a insegurança e o desespero que esses momentos me causavam.

Orgulho da minha disposição para ficar atrás deles o dia todinho quando começaram a andar, mesmo que as minhas noites tivessem sido em claro. Orgulho de me permitir falar do cansaço e da dor nas costas.

Admiro a minha disposição para falar mil vezes a mesma coisa com a intenção de educar meus meninos, mesmo que eles virem os olhos e me achem uma chata.

Tenho orgulho da força que nasce dentro de mim para seguir, mesmo que a vontade seja de ficar deitada, lendo um livro o dia todo. Orgulho também dos momentos em que aceito essa vontade invadir e me permito deitar por um tempo, mesmo que a casa esteja de pernas para o ar e que eles estejam me chamando sem parar.

Admiro meus acertos e minha força, mas também meus erros e minhas fraquezas.

Tudo isso faz parte de quem eu sou, da mãe que eles escolheram para chamar de "minha". Sim, eles nos escolhem!

Quer orgulho maior do que esse?

Superpoder

A voz chamando mamãe em um tom assustado e aflito me tirou daquele sono delicioso das 5:00 da matina, sabe?

– Mamãe, tive um pesadelo, estou com muito medo.

– Vem, filho. Vem, que eu te abraço.

Não existe nada melhor do que ser o conforto quentinho depois de um pesadelo assustador. O motivo da criança respirar aliviada depois de um sonho ruim.

Coloquei-o embaixo das minhas cobertas e o abracei com os braços, com as pernas, com o corpo inteiro. Cheirei o pescoço, falei que sabia como era horrível ter um pesadelo. Disse que estava tudo bem e que eu o amava.

Pude sentir o coraçãozinho acelerado. Abracei mais forte.

Aos poucos o coração foi desacelerando, a respiração acalmando.

– Nossa, seu abraço é poderoso, mamãe. Ele tira qualquer medo.

Achei graça.

Logo depois, ele pegou no sono e eu, bem, você que é mãe já sabe bem o que aconteceu comigo.

Perdi o sono pensando.

Ah se o meu abraço pudesse proteger meus filhos de todos os medos e dores do mundo! Mas não, não pode, não deve.

Estamos sempre tentando equilibrar proteção e "desproteção". Colo e liberdade. Estamos sempre tentando ensinar sobre coragem e ser porto quando eles voltam. Meio complexo, né? Mas é exatamente isso.

E sobre o abraço que ele recebeu às cinco da manhã, ele tem toda a razão.

Se ter braços que afastam o medo não é um superpoder, então não sei de mais nada.

3ª reimpressão, dezembro 2023

Fontes HARRIET, BROWN
Papel SNOW BRIGHT 70 g/m²
Impressão SANTA MARTA